ESCOLA DE APRENDIZES DO EVANGELHO

Perguntas & Respostas

Autores Diversos

ESCOLA DE APRENDIZES DO EVANGELHO

Perguntas & Respostas

Aliança

1ª edição, 1ª reimpressão,out/2020, do 2º ao 4º milheiro

Título
ESCOLA DE APRENDIZES DO EVANGELHO - Perguntas & Repostas

Autor
Autores Diversos

Editoração
MMS

Capa
Elifas Alves

Impressão
Graphium Gráfica e Editora Ldta.

Ficha Catalográfica

Dados Internacionais de Catalogação na Publicação (CIP)
— Câmara Brasileira do Livro | SP | Brasil —

Escola de Aprendizes do Evangelho, Perguntas & Respostas /
Autores diversos

São Paulo : Editora Aliança, 2005.

ISBN: 85-7008-080-2 / 272 páginas

1. Espiritismo 2. Religião 3. Título

A763e CDD-133.9

Índice para catálogo sistemático:

1. Espiritismo 2. Religião 133.9

Editora Aliança
Rua Major Diogo, 511 - Bela Vista - São Paulo - SP
CEP 01324-001 | Tel.:(11) 2105-2600
www.editoraalianca.com.br | editora@editoraalianca.com.br

"Estabelecer-se-ia um curso regular de Espiritismo, no intuito de desenvolver os princípios da ciência e de propagar o gosto pelos estudos sérios. O curso teria a vantagem de fundar a unidade de princípio, de fazer adeptos esclarecidos, capazes de propagar as idéias espíritas e de desenvolver grande número de médiuns. Considero esse curso como elemento de influência capital sobre o futuro do Espiritismo e sobre suas conseqüências."

Allan Kardec

(*Obras Póstumas*, pág. 342, 13ª edição, FEB)

"O Espiritismo abraçará o Evangelho do amor na renovação das criaturas, ou jamais passará de simples movimentação intelectual para transposição de idéias."

Emmanuel

(*O Trevo* nº 6 – junho/julho de 1974)

Sumário

Parte B

A História da EAE - Excertos

Parte C

Textos de *O Trevo*

ABERTURA

"A multiplicação destas escolas deve ser ampla e livre, sem embargo das dificuldades que se apresentem".

Edgard Armond, no texto "Testemunhação Evangélica", do livro Verdades e Conceitos II

A ESCOLA DE APRENDIZES

O Trevo nº 107 (jan/1983)
Noel Rosa, Espírito – médium: Martha Thomaz

Unem-se povos, países,
Nesta Escola de Aprendizes
Cultivando a amizade
O caminho que conduz
O servidor de Jesus
A viver fraternidade.

Estudando com carinho
Semeamos no caminho
A excelsa claridade
Que leva os infelizes
Para a Escola de Aprendizes
Buscando felicidade.

Com fé, com perseverança
Reforcemos a Aliança
Feita entre o Céu e a Terra
Sentindo nos corações
As sublimes emoções
Que o amor de Deus encerra.

Guardando no coração
O Evangelho, a oração
Heranças da cristandade
Este amor nossa alma envolve
E devagar desenvolve
A vera fraternidade.

Eu vivi na boemia
A vida inútil, vazia
Do Rio, em Vila Isabel.
Hoje tornei-me aprendiz
Trabalho e canto feliz
Nas bênçãos do Pai do céu.

Explicação Necessária

A você, que busca estas páginas, cabe um esclarecimento de como surgiu este trabalho, *Escola de Aprendizes do Evangelho, Perguntas e Respostas*. Ao final de 2003, o Conselho de Grupos Integrados da Aliança Espírita Evangélica, no âmbito da atividade de planejamento estratégico, reformulou a condução do Grupo de Trabalho sobre Escola de Aprendizes (GT-EAE) para que se ativesse à meta de aprimorar dirigentes e expositores.

Ao longo de 2004, o GT-EAE percorreu todas as Regionais da Aliança em busca do que o próprio movimento considerava necessário para aprimorar a atividade. Houve coincidência em muitos apontamentos, mas o que se ressaltou foi a necessidade de harmonização do conhecimento sobre a essência da proposta redentora da Escola. Muitas questões que se apresentaram já haviam sido respondidas, mas as respostas se encontravam dispersas.

Este livro que você consulta pretende oferecer justamente este trabalho — reunir o que interessa mais de perto à Escola a partir de duas fontes básicas de pesquisa. A primeira, os livros de Edgard Armond, complementados pelas obras de caráter biográfico assinadas pelo filho Ismael Armond, em trabalho de resgate da Editora Aliança recentemente concluído. A segunda, nos exemplares dos 30 primeiros anos de publicação do jornal *O Trevo*, veículo de comunicação desde a origem da Aliança Espírita Evangélica.

Com essa pesquisa em forma de livro, espera-se facilitar o acesso de dirigentes, expositores e alunos ao tesouro espiritual que representa a Escola de Aprendizes do Evangelho. Não existe a pretensão de esgotar aqui o assunto. Ao contrário, a intenção é propiciar um conhecimento dos fundamentos da Escola. Uma base capaz de ser o ponto de lançamento para novos progressos da EAE sem perder o vínculo com os ideais transmitidos do Alto desde a origem dessa atividade.

O *Escola de Aprendizes do Evangelho, Perguntas e Respostas*, se tornará ainda mais útil com a leitura acompanhada do *Vivência do Espiritismo Religioso*, dos livros-texto da Escola (*Iniciação Espírita* e *O Redentor*) e de textos de apoio, como o *Guia do Aprendiz*, o *Guia do Discípulo* e o *Fraternidade dos Discípulos de Jesus, Perguntas e Respostas*, no qual nos inspiramos a partir do título. A exemplo do "*Vivência*", este livro nasce com o potencial de aprimoramento no tempo, com edições que o atualizem no futuro.

Consideramos o livro sobre a FDJ, por sinal, como leitura imprescindível por lançar um olhar contemporâneo capaz de auxiliar a compreender e aplicar muitos dos conceitos expressos neste *Escola de Aprendizes do Evangelho, Perguntas e Respostas*. Procurou-se, na seleção de trechos aqui republicados, cumprir com a tarefa de oferecer uma ferramenta constante de aprimoramento na atividade das Escolas. Neste 55º ano da história da EAE, espera-se que todos nos incentivemos a conhecer mais a fundo os títulos de Edgard Armond para o aperfeiçoamento de todas as nossas atividades em Aliança.

Muita Paz,

Grupo de Trabalho da Escola de Aprendizes do Evangelho –
Planejamento Estratégico da Aliança Espírita Evangélica
Junho de 2005

Diálogo

Dois confrades conversavam. Vamos ouvi-los:

— Essa Escola de Aprendizes pela qual você tanto se bate, dizia um deles, é assim de tanto valor para o Espiritismo?

— Sem a menor dúvida.

— Mas há necessidade de tanto rigor para ensinar o Evangelho?

— Essa escola não existe para ensinar o Evangelho, mas para ajudar a vivê-lo, o que é muito diferente, ou mais importante.

— Mas esse rigor que ali existe não afasta a maioria dos interessados?

— Não afasta; simplesmente não atrai essa maioria.

— Mas, então, não é bom meio de propaganda da Doutrina.

— Engano seu. Ela não atrai a maioria que não tem predileção pelo setor religioso da Doutrina, mas prefere os outros dois setores existentes, o que é natural que aconteça; mas atrai todos aqueles que preferem esse setor religioso e desejam dedicar-se a ele, vivê-lo e exemplificá-lo para evoluírem mais depressa. Só isso.

— Uma escola de líderes?

— Novo engano seu; ela esclarece a maior parte no sentido teórico que existe nos seus programas e edifica a minoria mais amadurecida, com realizações espirituais mais amplas e profundas; em última análise, ela forma trabalhadores evangelizados.

— Mas os espíritas, em geral, não são trabalhadores também?

— Se forem serão, porém, não nas condições mais aperfeiçoadas que a escola consegue formar, dedicamos a vivência do evangelho em espírito e verdade, isto é, com todo o rigor das testemunhações e das exemplificações no campo doméstico e social.

— Os espíritas não fazem essa vivência e essa exemplificação?

— Muito poucos o fazem, e isso é sabido. Uns porque acham que não há necessidade disso, outros porque não estão preparados para esse esforço e sacrifício e outros, ainda, por suporem que o que fazem basta: leituras, frequência a centros espíritas ou reuniões etc.

— E é isso um erro?

— Claro que não, cada um faz o que deseja e escolhe o setor da Doutrina que mais lhe apraz, usando de seu livre-arbítrio.

— Para que então o rigor da escola?

— Para satisfazer os anseios daqueles outros que desejam não somente conhecer a Doutrina, mas viver segundo o Evangelho de Jesus, obedecendo aos impulsos do seu coração.

— Viver segundo a Doutrina não basta?

— Bastará se a parte religiosa não for encarada só teoricamente, como coisa de importância secundária, mas vivida e exemplificada em si mesmos, no seio da família e da sociedade.

— E por que sempre o setor religioso você põe no meio de tudo?

— Porque sem as realizações desse setor, as práticas e a vivência serão ilusórias, inócuas, não levam a nada de positivo, em geral os espíritas fazem o bem que podem; a regra de Kardec, "sem caridade não há salvação", é seguida e todos amam a Jesus. A não ser no campo do aculturamento; e o que mais interessa é a redenção.

— Isso não basta?

— Basta para a maioria que faz o que pode e julga isso certo e a mais não se obriga; mas a escola não é obrigatória para essa maioria. Os que a procuram são os que desejam apressar sua evolução e julgam-se felizes de passarem por ela e seguirem seus próprios caminhos.

— Assim sendo, parece que estamos todos de acordo e em paz e entendimento; não concorda?

— Concordo.

— Por isso é que se costuma dizer que conversando é que a gente se entende. Graças a Deus.

E se foi.

Texto de Edgard Armond, extraído do
"Tema 202 – Diálogo", Na Semeadura II

A Reforma

Porém, dirão: é muito fácil falar em reforma, mas, na prática, como se poderá realizá-la?

Apesar de ser este um problema muito velho, uma preocupação de todos os tempos; o fundamento de muitas doutrinas religiosas e filosóficas; o ponto central da exemplificação do Divino Mestre, muitos ainda fazem a mesma pergunta, milhares a fazem, e não seremos nós que aqui unimos o nosso apelo à sua realização, e que também dela necessitamos, que iremos ditar regras e nos colocarmos presunçosamente na situação de mestre.

E seria mesmo uma tolice estabelecer regras para um esforço de pura introspecção individual e que deve ser realizado mais que tudo por intuição própria.

Só podemos dizer que, justamente, não há regras fixas, nem esquemas rígidos, nem processos determinados, tratando-se, como se trata, de situações íntimas, ligadas ao próprio Espírito, à consciência profunda de cada um.

Há compêndios de filosofias e sistemas esotéricos que oferecem misteriosamente processos infalíveis, mas, de mim, não creio que qualquer deles dê o menor resultado porque não se trata aqui de adotar processos e empregar regras, mas de mudar sentimentos, de alterar o caráter moral e isso o homem só o consegue quando sua hora chegou e quando foi tocado no seu Espírito pelo fogo da redenção.

Mas o Espiritismo chama para a redenção e exige essa reforma; portanto, todos devem estabelecer sua vida em novas bases, organizar um programa simples e claro e tentar a reforma usando com toda a energia os poderes que lhe vêm do livre-arbítrio, que é vontade, inteligência e liberdade.

Dando um balanço interno em nossa atual condição moral e verificados os débitos e os créditos, esforcemo-nos por pagar os primeiros e agradeçamos a Deus a posse dos segundos.

Os débitos, como se compreende logo, são os defeitos, as falhas, as imperfeições do Espírito; os créditos são as virtudes que já conquistamos laboriosamente através de nossas vidas anteriores.

Os defeitos mais comuns, a saber: o orgulho, o egoísmo, a sensualidade, a inveja, a avareza, a ferocidade, são inimigos tenazes que devemos um por um combater e vencer; qualquer deles que se aninhe em nosso coração custar-nos-á lágrimas de sangue antes que possa ser dominado e expulso.

Mas temos que passar pelas provas e é melhor que o façamos por nossa própria deliberação, que obrigados pelos látegos do carma. Melhor que o façamos hoje que amanhã, porque o faremos como ato consciente de livre-arbítrio, o que por si só já representa mérito.

E quando estiverem todos vencidos teremos automaticamente conquistado as virtudes correspondentes, flores da espiritualidade que, no amanhã de nossa existência, torná-la-ão bela e radiosa, nas inumeráveis moradas da casa do Pai.

Lutemos, pois, por conquistá-las.

E uma única regra, segundo parece, deve ser ditada neste salutar esforço de edificação própria: a de começar pelo menor para atingir o maior.

Levamos séculos para chegar a esta situação de hoje; séculos para conquistar tão pouca coisa no rol das benemerências representadas pelas virtudes dignificantes do Espírito, e não será por um gesto de malabarismo mental ou pelo simples desejo platônico de melhoria, que conseguiremos nos elevar a tais alturas.

Comecemos, pois, pelo menor, pelo mais acessível, pelo mais ao alcance das armas, ainda rudimentares, que possuímos, mas sejamos sinceros nesse desejo e tenazes nesse esforço.

Esse trabalho de repressão psíquica, iniciado no campo intelectual irá lançando raízes profundas no subconsciente; insensivelmente irá influenciando o caráter do Espírito e modificando-o irresistivelmente no correr dos tempos.

Desta forma prudente e segura iremos nos estimulando e fortalecendo com os resultados parciais e não teremos decepções desencorajadoras, porque a luta contra nossas paixões é terrível e só consegue vencê-las os que têm ânimo forte, vontade poderosa e fé, sobretudo fé, nas luzes e nas forças que nos vêm do Alto.

❖

Vamos, porém, terminar.

O Espiritismo, como doutrina de evolução e no campo de sua aplicação na vida humana, vai passar por transformações, acompanhando o progresso espiritual do mundo.

Haverá novas revelações e a predominância sobre a Terra de Espíritos mais adiantados.

Reformando-nos pertenceremos a essa humanidade nova; habitaremos um mundo renovado e viveremos uma vida perfeita.

Que meus pensamentos não sejam deturpados pela incompreensão ou envenenados pela maldade, mas devo dizer que, para conseguirmos isso, temos que alterar muitas coisas e tudo, desde já, deve caminhar por novos rumos com o seguinte lema: "Espiritismo — Com Espíritos Superiores".

Extraído do opúsculo "Mediunidade de Prova",
contido no volume *Prática Mediúnica*, de Edgard Armond

O Valor da Iniciação Espiritual

O Espiritismo veio como doutrina do pensamento até determinado ponto, mas com a finalidade altíssima de reavivar nas almas os princípios morais que dignificaram o cristianismo primitivo; seus adeptos, por conseguinte, devem ser mais amadurecidos nos conhecimentos, nos sentimentos e possuidores de um ideal mais puro e elevado na vivência entre seus semelhantes.

Estas são as qualidades que distinguem os adeptos verdadeiros dos curiosos e comodistas que somente se aprazem com ritos e superficialidades e que fogem ante responsabilidades e esforços de melhoria interior, que esses conhecimentos exigem dos adeptos.

Entre esses conhecimentos e realizações as mais altas expressões são as do campo da evangelização pela Reforma Íntima, na forma estabelecida pela Escola de Aprendizes do Evangelho, que opera nas almas as transformações morais indispensáveis à vivência e à exemplificação cristãs, os aprendizes sendo mais que simples adeptos, mas verdadeiros discípulos e porta-vozes do Divino Mestre na Terra.

Mas essa grandeza não lhe é dada de graça, pois que exige luta árdua e demorada de auto-aperfeiçoamento e purificação, luta constante dia por dia, hora por hora, eliminando defeitos, destruindo vícios, certos de que não há, realmente, outro caminho mais curto que leve ao Reino de Deus, senão este.

Os que seguem e perseveram até o fim, submetendo-se às servidões que a Escola de Aprendizes do Evangelho estabelece, serão vencedores de si mesmos como milhares de outros que já o fizeram antes e que se devotam, como discípulos na vida comum, às atividades construtivas e beneméritas de ajuda aos semelhantes na imensa seara de Jesus.

Estes constróem para si mesmos, desde já, o Reino de Deus na Terra.

Edgard Armond

em *O Trevo* nº 14 – abril de 1975

Relação de Perguntas

1. Curso Básico de Espiritismo

    1 — Como a Casa que não conta com turmas de Curso Básico e EAE com inscrições abertas deve proceder no caso de pessoas que recebam alta da Assistência Espiritual?

    2 — Qual o melhor dia da semana e que recomendações há para começar uma Turma?

    3 — Como lidar com os alunos considerados questionadores?

2. A Escola de Aprendizes do Evangelho

    4 — O que a Escola de Aprendizes do Evangelho representa na atualidade?

    5 — Por que há pessoas que fazem restrições à Escola de Aprendizes?

    6 — Há mais dificuldade das pessoas sem instrução de acompanharem a Escola?

    7 — Como as ferramentas da Escola de Aprendizes se entrosam?

    8 — Por que há tanto receio de companheiros em assumir a direção de turmas de Escola?

    9 — Como surgiu a Vida Plena na EAE?

    10 — Comandante Edgard Armond, pode nos falar sobre Razin, entidade que espiritualmente supervisiona as Escolas?

    11 — Quais as alternativas para os servidores, ao término da Escola de Aprendizes?

a) Origem

    12 — O que motivou Edgard Armond a se dedicar a uma iniciativa como a Escola de Aprendizes do Evangelho?

    13 — Comandante Edgard Armond, pode nos contar como foram iniciadas as Escolas de Aprendizes do Evangelho?

14 — Por que surgiu a Escola de Aprendizes do Evangelho?

15 — Que vantagem outra nos traz o autoconhecimento?

16 — Como situar a Escola de Aprendizes do Evangelho na evolução da Doutrina Espírita?

17 — Na organização do programa da Escola, que circunstâncias principais foram consideradas?

18 — A noção de reforma íntima não destaca excessivamente a questão dos defeitos?

19 — Diz-se que na Escola não há Kardec. É verdade?

20 — Comandante Edgard Armond, como o senhor se coloca no papel de fundador da Escola naqueles dias do seu planejamento?

b) Aprendizes do Evangelho

21 — Por que a Escola de Aprendizes tem essa denominação?

22 — Qual o mérito da Escola de Aprendizes do Evangelho?

23 — Qual deve ser a significação do Evangelho para o Espiritismo?

24 — Qual o propósito dos graus na Escola de Aprendizes do Evangelho?

25 — Como apresentar a Prece dos Aprendizes?

26 — Como cultivar o ambiente fraterno na EAE?

27 — O que é fundamental em um processo de iniciação espiritual?

c) Fundamentos

28 — Quais são os pilares da Iniciação Espírita?

29 — Como acompanhar Jesus?

30 — O que representa a figura do trevo nas Escolas?

31 — O que é preciso para que a reforma íntima tenha sucesso?

32 — Como compreender a figura histórica do apóstolo Judas?

33 — Como o dirigente de EAE deve conduzir a questão dos vícios?

34 — Por que se combate tanto o alcoolismo na Escola de Aprendizes?

35 — O fumo também causa efeitos no perispírito?

36 — Por que no primeiro ano da Escola se incentiva o aprendiz a eliminar a gula?

37 — Aprendizes e trabalhadores bem intencionados fazem sempre perguntas sobre se o sexo deve ser combatido e se é elemento perturbador do progresso espiritual.

38 — Sexo e disciplina?

39 — Essa Escola de Evangelho que estão abrindo oferece alguma diferença para nós, se nos matricularmos nela?

40 — Quais os cuidados para evitar que a EAE se elitize?

41 — Como dosar as informações transmitidas aos alunos, sobretudo no começo do curso?

42 — Como lidar com a ausência generalizada de tempo alegada pelos participantes da Escola?

43 — Qual é a mensagem que se deixa para os jovens que frequentam as EAEs e que muitas vezes enxergam o mundo com algum pessimismo, já que é uma época bastante difícil para se viver?

44 — Que cuidados dirigentes e expositores devem tomar?

45 — Aconselhada por uma amiga, fiz o curso da Escola de Evangelho com muito boa vontade, não perdi aula, mas não terminei, porque as exigências eram demais e meu marido também desistiu de frequentar, quando viu que eu desisti. Por que não abrandam mais, para a gente frequentar melhor?

46 — Como tratar a questão do amor sem resvalar para o pieguismo?

47 — Como aplicar a máxima "amar ao próximo como a si mesmo?"

48 — Como identificar a humildade em nós?

d) Objetivos

49 — O que se pretende com a Escola?

50 — Qual a finalidade da EAE?

51 — Qual a meta da Iniciação Espírita?

52 — Qual deve ser o objetivo da aula inaugural da EAE?

53 — O objetivo da Escola é formar trabalhadores para o Centro Espírita?

54 — Como citar o conhecimento doutrinário entre os objetivos da Escola?

55 — Quais os benefícios que a EAE pode proporcionar aos participantes, diante dos sofrimentos do momento?

56 — É, ou não é importante que se institua nos Centros, Escolas de Médiuns e de Evangelho?

57 — A Escola não tem como se tornar um curso de viés acadêmico?

58 — Qual é a prioridade de ensino na Escola de Aprendizes?

59 — Com isso, o estudo não fica em segundo plano?

60 — O que os alunos buscam na Escola?

61 — Existe alguma sugestão sobre como conduzir a aula inaugural?

62 — Como a Escola de Aprendizes do Evangelho pode sensibilizar o ser humano na necessidade de renovação íntima?

63 — Como definir a Reforma Íntima?

64 — Qual deve ser o procedimento de uma pessoa comprometida com a proposta de reforma íntima?

65 — Decidi entrar para a Escola do Evangelho e um amigo emprestou-me o 1º volume do ensino, mas não vi nada da Codificação de Kardec e há também exigências de eliminação de vícios como o fumo. Por que tanto? É obrigatório isso?

66 — Como o dirigente deve reagir ante a evasão de alunos?

67 — Para que a EAE se mantenha fiel à sua finalidade maior, é necessário mudar algo em sua estrutura ou na postura do dirigente e do expositor?

68 — O ingresso na FDJ pode ser entendido como o fim da EAE?

e) Estrutura

69 — Comandante Edgard Armond, dentro das necessidades de hoje, com os recursos da imagem e do som, com as dificuldades de tempo e espaço, com a vertiginosa velocidade que tudo se desenvolve, como o senhor estruturaria uma nova Escola de Aprendizes do Evangelho a ser difundida no mundo?

70 — Um dirigente de turma da Escola de Aprendizes pode ser médium de intercâmbio espiritual da própria turma que dirige?

71 — Qual a postura ideal do expositor?

72 — Como compreender e aplicar a disciplina de horário?

73 — A aula pode começar com atraso?

74 — Como distribuir o tempo da aula?

75 — Como conduzir a questão do trabalho?

76 — Como cultivar o ambiente místico?

f) O Dirigente de Turma

77 — Como definir o dirigente?

78 — Quais os requisitos para ser dirigente de Escola?

79 — Qual deve ser a postura do dirigente?

80 — Quais são as condições para um melhor trabalho dos dirigentes?

81 — Como as pessoas devem ser escolhidas ou convidadas para serem dirigentes de escola? É melhor ter menos escolas e mais cuidado na escolha ou quantidade é necessária na época de hoje?

82 — Até que ponto o dirigente "faz" a turma?

83 — O dirigente deve participar dos exercícios de Vida Plena?

84 — Muitos alunos pensam que o dirigente nasceu "pronto". Como esclarecer esse assunto?

85 — Que qualidades um dirigente deve cultivar?

86 — É correto o dirigente e o secretário saírem do recinto da aula no início do trabalho do expositor só retornando ao final da aula?

87 — Quais os principais riscos que o dirigente enfrenta ao assumir uma turma?

88 — O que o dirigente deve ter sempre em mente no relacionamento com os alunos?

g) Condução

89 — A senhora participou da 3ª Turma da Escola de Aprendizes do Evangelho, dirigida pelo Comandante Armond, não foi? Como era?

90 — O que recomendar ao expositor?

91 — Com qual antecedência a direção da turma deve chegar para a aula?

92 — Como lidar com a crescente exigência dos alunos?

93 — O que enfatizar no tema Introdução ao Processo de Reforma Íntima?

94 — Existe um roteiro para começar a atuar diante dos vícios e dos defeitos?

95 — Por que se combate tanto o vício do fumo na Escola de Aprendizes?

96 — Para quais defeitos é necessário mais cuidado?

97 — Como o aprendiz deve lidar com a maledicência?

98 — Como tratar a questão da frequência na Escola?

99 — Como definir o estágio probatório?

h) Avaliação

100 — O que se leva em conta no exame da FDJ?

101 — Como aferir o aproveitamento de uma turma?

102 — Tendo terminado a Escola de Aprendizes com grande proveito, não compreendo quando vejo colegas meus voltarem

aos vícios antigos e a vida irresponsável do que era antes. Que acontece? É favor explicar.

103 — Como transmitir os critérios de avaliação para os alunos?

104 — Comandante Edgard Armond, admite a possibilidade de se controlar o aproveitamento dos aprendizes, no que diz respeito à reforma íntima, por testes psicológicos bem elaborados, ou por um roteiro de perguntas, de modo a facilitar a análise de quem deverá apurar os resultados, impessoalmente?

105 — Quais os defeitos mais difíceis de eliminar?

106 — Como atribuir a importância do item trabalho na avaliação dos alunos?

107 — Como avaliar o dirigente?

108 — Como apurar os resultados da Escola?

109 — Qual virtude demonstra o êxito da evangelização?

3. A Escola de Aprendizes do Evangelho a Distância

110 — Como definir a Escola de Aprendizes a Distância?

111 — Como a Escola de Aprendizes por correspondência pode atuar, superando as limitações decorrentes da distância?

112 — Quem pode dirigir turmas na Escola a Distância?

113 — Qual a tarefa da Casa ante esse trabalho a distância?

114 — Como é a aceitação do aluno a distância nas Casas?

4. A Prece dos Aprendizes

115 — A prece cantada dos aprendizes foi introduzida com que sentido?

116 — A Prece dos Aprendizes deve ser cantada com as pessoas sentadas ou em pé?

117 — A prece dos Aprendizes pode ser cantada na preparação do ambiente em todos os trabalhos?

5. A Prece das Fraternidades, Vibrações

118 — Como apresentar a Prece das Fraternidades?
119 — Algo mudou no conteúdo da Prece das Fraternidades?
120 — Como fazer a vibração das 22h?
121 — Como apresentar a vibração pelo Bem Universal?
122 — Como membro da FDJ, desejo conhecer, com mais detalhes, o motivo da hora — 22h — que a Aliança marcou para se fazer a "Vibração pelo Bem Universal". Por que não mais cedo?

6. Caderno de Temas e Caderneta Pessoal
123 — Por que ler o tema em público?
124 — Como apresentar o Caderno de Temas?
125 — Como definir a Caderneta Pessoal?
126 — Comandante Edgard Armond, gostaríamos que o senhor enumerasse os motivos da introdução e as vantagens da caderneta pessoal usada pelos aprendizes para o controle da reforma íntima. Haveria a possibilidade dessas cadernetas serem consideradas uma confissão escrita dos erros e defeitos?
127 — Comandante Edgard Armond, o senhor sabe que há instituições no meio espírita que não aceitam a utilização da caderneta. Que outro meio de controle e apuração do desenvolvimento poderia ser introduzido, visando um programa amplo de implantação de escolas no mundo inteiro, facilitando o trabalho dos dirigentes e evitando possíveis controvérsias a respeito?
128 — Como se deu a introdução da Caderneta Pessoal na Escola?
129 — Como implantar a Caderneta Pessoal?
130 — Existe um roteiro para uso da Caderneta?
131 — Como o dirigente deve acompanhar o uso da Caderneta?
132 — A prática do "minuto da Caderneta", na qual se reserva parte da aula para anotações, é um recurso adequado?

133 — O Comandante dava algum conselho sobre a Caderneta?

134 — Como fica o recolhimento da Caderneta Pessoal no período probatório?

135 — Com que os aprendizes devem se comprometer?

7. Caravana de Evangelização e Auxílio

136 — Qual a característica fundamental das Caravanas de Evangelização e Auxílio?

137 — Como definir a Caravana?

138 — O que as Caravanas devem valorizar?

139 — Por que a Caravana precisa contar com um número mínimo de participantes?

140 — Que tipo de atividade deve ser considerada Caravana?

8. O Aprendiz

141 — Como evitar influências más?

142 — Os graus de aprendiz, servidor e discípulo, que as Escolas adotam, têm objetivo puramente didático ou seguem uma orientação iniciática ocultista?

143 — O que será exigido de um servidor de Jesus?

144 — Como explicar aos alunos a diferença entre vícios e defeitos?

145 — Pode haver aluno no segundo ano da Escola com algum vício?

146 — É possível fazer o Curso de Médiuns durante o período probatório?

147 — Comandante Edgard Armond, há quem diga que o distintivo do trevo é uma reminiscência de simbologia que não tem sentido na Doutrina Espírita. O que o senhor acha desse pensamento?

148 — Como entender a passagem para o grau de servidor?

9. A Fraternidade dos Discípulos de Jesus

149 — Como transmitir a noção do ingresso na FDJ aos alunos?

150 — O que o dirigente deve priorizar como ambiente espiritual para uma turma de Escola?

151 — Como consolidar a Fraternidade dos Discípulos e a Escola de Aprendizes, bases fundamentais da iniciação?

152 — Como conceituar o trabalho no âmbito da Escola?

10. A Aliança Espírita Evangélica

153 — Em relação à Escola, qual a finalidade da Aliança Espírita Evangélica?

154 — Existe relação entre a Escola de Aprendizes do Evangelho, o Curso Básico de Espiritismo, o Curso de Médiuns e a atividade de Assistência Social?

155 — Pedimos esclarecer a menção aos "Quinhentos da Galiléia".

156 — Como, depois da Escola, avançar na busca de progresso espiritual?

11. Diversos

157 — Na elaboração de *O Redentor*, além da pesquisa normal, o senhor também se utilizou da mediunidade para obter informações?

158 — Alterar o programa não seria uma forma de evitar a evasão?

159 — Quando o Estudo de *O Livro dos Espíritos* se ligou à Escola de Aprendizes?

160 — O Estudo de *O Livro dos Espíritos* é obrigatório?

161 — No seu grande livro *O Redentor* em que muitas coisas novas aprendi, não consta a frase "Eli, Eli, lhama sabactani", que está na Bíblia. Pode dizer por quê?

162 — Como o irmão aceita o problema do corpo de Jesus? Correm muitas opiniões e qual será a mais certa?

Parte A

Perguntas & Respostas

1. Curso Básico de Espiritismo

É hora de programar o trabalho de esclarecimento; é hora da implantação de escolas e cursos. Não para formação intelectual, mas para despertamento das potencialidades morais do indivíduo.

Valentim Lorenzetti
em *O Trevo* nº 7 – agosto/setembro de 1974

1 — Como a Casa que não conta com turmas de Curso Básico e EAE com inscrições abertas deve proceder no caso de pessoas que recebam alta da Assistência Espiritual?

R — A alternativa natural são as "Sessões Doutrinárias", que devem estar sempre disponíveis. Jacques lembrou que esse programa surgiu de reunião com Armond, na qual o companheiro Valentim Lorenzetti ficou encarregado de organizar a série de aulas. Valentim utilizou os contos do Espírito Hilário Silva nos livros "A Vida Escreve" e "Almas em Desfile" para servir de referência ao início de estudos relativos às leis espirituais. (Resposta extraída do texto "Reciclagem sobre Escola de Aprendizes", item "Sessões Doutrinárias", publicado em *O Trevo* nº 322, de abril de 2001)

2 — Qual o melhor dia da semana e que recomendações há para começar uma Turma?

R — Abolir das turmas o ambiente festivo, transformando-o em alegre confraternização. Confraternização não é festa. O ambiente "festivo" prejudica o ambiente de introspecção necessário para a aula. Depois da aula, pode o ambiente transformar-se em festivo, até servindo-se cafezinho entre os alunos. Aqui foi lembrada uma recomendação do comandante Edgard Armond: de preferência, não colocar a Escola no meio da semana; colocá-la na sexta ou no sábado, onde o aluno consegue fazer uma libertação temporária de seus compromissos do dia-a-dia, predispondo-o mais para as vibrações de sentido elevado. (Resposta extraída do texto "Reunião de Dirigentes", publicado em *O Trevo* nº 118, de dezembro de 1983)

3 — Como lidar com os alunos considerados questionadores?

R — É importante perguntar. Quando Jesus desencarnou, os discípulos passaram por três dias de sofrimento porque tiveram medo de fazer perguntas. Quem expõe tem o direito de ser arguido. Isso faz parte do aprendizado da convivência e da experiência em fraternidade. (Extraído de depoimento de Martha Gallego Thomaz, no texto "Edgard Armond, 105 Anos de Nascimento", publicado em *O Trevo* nº 300, de junho de 1999)

2. A Escola de Aprendizes do Evangelho

É preciso saber e não esquecer que escolas que evangelizam e espiritualizam as pessoas; as que cuidam do desenvolvimento mediúnico em termos elevados e autênticos; e as que promovem o aculturamento doutrinário do povo humilde, sobretudo dos jovens, são as garantias melhores e mais legítimas da difusão do Espiritismo em nosso País.

Edgard Armond
em *O Trevo* nº 7 – agosto/setembro de 1974

4 — O que a Escola de Aprendizes do Evangelho representa na atualidade?

R — É um instrumento que auxilia no despertar do homem, no conhecimento interior, no seu aprimoramento moral. Busca a mudança de sentimentos e conquista de virtudes. É necessário o desenvolvimento da inteligência e do sentimento para o equilíbrio do homem e para chegar ao ser espiritual, o homem novo. (Resposta extraída do texto "Seminário: Escola de Aprendizes do Evangelho", publicado em *O Trevo* nº 300, de junho de 1999)

❖

R — • Ferramenta de redenção, através do Evangelho de Jesus.

• Oportunidade de um caminho para o autoconhecimento e evangelização do ser.

• Oficina de lapidação do homem velho, conscientizando-o de sua realidade, permitindo-lhe o autoconhecimento e propiciando às pessoas mais equilíbrio para a nova era.

• Instrumento eficaz para a espiritualização através do autoconhecimento, de transformação do ser, da renovação da redenção, preparação cristã em todos os tempos.

• Oportunidade de obter a fé raciocinada com base nos conhecimentos da realidade espiritual e a modificação do próprio interior, através da Reforma Íntima, exemplificando os ensinamentos do Cristo.

• Transformação do ser humano, através de sua reforma interior.

(Resposta extraída do texto "A Escola de Aprendizes na Atualidade", publicado em *O Trevo* nº 299, de maio de 1999)

5 — Por que há pessoas que fazem restrições à Escola de Aprendizes?

R — O sistema que propusemos em 1950 para evangelização compulsória dos adeptos do Espiritismo vem sendo aceito pela maioria, com poucas restrições por uns e discutido por outros, em ambos os casos por tratar-se de pessoas que na realidade não estão interessadas em melhorar suas condições espirituais de forma decisiva, sem alteração de seus hábitos e comodidades.

As restrições baseiam-se no fato de que a evangelização pode ser feita de outra forma — o que é óbvio — desde que seja, porém, positivada com fatos e dê os resultados necessários, isto é, que se opere nos indivíduos as transformações morais necessárias à purificação do Espírito e do corpo físico, como ocorre no processo referido e em vigor em muitas partes.

Os milhares de aderentes que passaram pelas escolas desse tipo, denominadas Escola de Aprendizes do Evangelho, sabem disso, dão testemunho de sua eficiência, atestam seu integral valor iniciático.

Aliás, esta é a vantagem do livre-arbítrio: cada qual age como quer e colhe os frutos do que semeia, e Jesus mesmo afirmou que a cada um seria dado segundo suas obras.

D'outra parte, aí está o mundo carente urgentemente de evangelização para se poder enfrentar a decadência moral generalizada, o materialismo triunfante que está levando a humanidade para abismos insondáveis e o avanço espetacular das seitas utilitárias. (Resposta de Edgard Armond, extraída do texto 171 "Evangelização", do livro *Na Semeadura II)*

❖

Porque mesmo no Espiritismo, não basta a assistência material e os atendimentos de doentes, como contribuição na parte religiosa, porque isto todos fazem, até mesmo os materialistas.

Se o sistema de evangelização proposto for aplicado de conformidade com as regras e os princípios estabelecidos desde a criação da Escola, em 1950, a difusão do Evangelho será hoje muito mais ampla e profunda e muito melhor se colocará a Doutrina ante a projeção popular de outras linhas sectárias que estão se sobrepondo e se tornando influentes por todo o país, como é de conhecimento geral. (Resposta de Edgard Armond, extraída do trecho do texto 184 "Escola de Aprendizes do Evangelho", do livro *Na Semeadura II)*

6 — Há mais dificuldade das pessoas sem instrução de acompanharem a Escola?

R — Quanto a isto, Flávio foi enfático. "Se há analfabetos no grupo, surgiu uma grande oportunidade para se montar um curso de alfabetização; é uma demonstração de fraternidade". (Resposta extraída do texto "Reciclagem – EAE, Caderneta Pessoal, Caderno de Temas, Virtudes e Defeitos...", publicado em *O Trevo* nº 318, de dezembro de 2000)

7 — Como as ferramentas da Escola de Aprendizes se entrosam?

R — Todas as ferramentas da Escola — Caderno de Temas, Caderneta Pessoal, Caravanas e Vida Plena — integram um processo para tornar disponível o objetivo de redenção do ser humano. É preciso haver entrosamento do dirigente com todos esses recursos. A EAE visa massificar o Evangelho e propiciar um programa para que o indivíduo se transforme, completou Jacques, aproveitando os 90 minutos de cada aula para o propósito da renovação interior.

Nesse sentido, é imprescindível que o dirigente de turma se afinize com o Espiritismo Religioso. Programar novas classes de improviso não se justifica. É preciso que os candidatos a dirigir façam cursos. "A compreensão do valor da disciplina é uma conquista", afirmou. "Quem administra desagrada. E na condução de uma turma de EAE não há como agradar a todos", reforçou Jacques.

Mesmo responsáveis pelo zelo à disciplina, dirigentes e expositores precisam vigiar para "não colocar capa de santo" e, com isso, se afastarem da turma. "Dirigentes e expositores também são alunos, não se pode exigir perfeição deles", definiu Jacques. "Em matéria de Evangelho, somos todos analfabetos", costumava repetir Edgard Armond, fundador das Escolas.

O companheiro Carlos destacou a dificuldade de traçar o perfil de um dirigente. Mas ressalvou a necessidade de persistir em sintonia com a essência dos princípios da origem da Escola. Jacques concordou. A condescendência leva a problemas à frente. "Quando o dirigente se culpa muito por eventuais maus resultados de uma turma está dando muita importância a si mesmo", afirmou.

(Resposta extraída do texto "Reciclagem enfatiza origem e métodos da EAE", publicado em *O Trevo* nº 315, de setembro de 2000)

8 — Por que há tanto receio de companheiros em assumir a direção de turmas de Escola?

R — Até em decorrência da responsabilidade da função, é comum verificar receio dos trabalhadores em assumir a condução de uma turma de EAE. A decisão de tomar esta tarefa é íntima e pressupõe a renúncia de parte do tempo livre para se dedicar à turma e à adoção do trabalho com segurança e confiança. Se o dirigente tiver medos, receios, transmitirá insegurança aos alunos.

Para ser dirigente, é fundamental querer exercer a função. Muitas vezes se julga que determinados trabalhadores têm capacitação íntima, moral e intelectual, para a função. Sem a vontade de exercer esse trabalho, porém, esses trabalhadores terão menos chance de êxito. Para um bom desempenho, é recomendado que o futuro dirigente, antes de assumir uma turma, tenha a experiência de secretário e/ou assistente, havendo participado do Curso para Formação de Dirigentes da EAE, desenvolvido pelas Regionais. O primeiro deles ocorreu em 1983.

O dirigente deve ser capaz de incentivar o aluno a usufruir todas as ferramentas oferecidas pela EAE: caderneta, caderno de temas, caravanas, outros trabalhos... No campo da reflexão, o paralelo da Reforma Íntima com a reforma das moradias continua a valer. A reorganização da casa aproveita as qualidades que ela já tem e as expande. Derruba paredes, renova encanamentos e rede elétrica, para ter mais conforto e segurança. De forma semelhante, a Reforma Íntima exige muito esforço, mas também é capaz de levar a um estado de satisfação pessoal, consciente e feliz.

Entre as ferramentas do processo de Reforma Íntima proposto pela EAE, foi mais uma vez ressaltada a importância da caderneta. Suas anotações, frutos de reflexão profunda, devem contar cinco itens. A data. O fato. A reação. A causa (análise do sentimento que motivou a reação). A proposta, muitas vezes deixada de lado nas anotações.

É recomendável que o dirigente também esteja apto a mostrar à turma o que é o Centro e sua importância no Ideal de Aliança. O dirigente e o expositor devem se considerar intimamente também alunos, pois o aprendizado deles também continua. Isso não quer dizer, é claro, que devam abrir mão de suas responsabilidades frente à turma e à própria Casa. (Resposta extraída do texto "1º Seminário 96: Escola de Aprendizes", publicado em *O Trevo* nº 260, de fevereiro de 1996)

9 — Como surgiu a Vida Plena na EAE?

R — O exercício surgiu de prática do CVV (Centro de Valorização da Vida), trabalho de prevenção ao suicídio, do qual muitos participantes da Aliança foram e são integrantes. Atinge seus objetivos quando realizados de forma respeitosa, com coragem, humildade e respeito. É um trabalho valioso para a meta de Reforma Íntima. (Resposta extraída do texto "Reciclagem EAE: Programa, Caderneta, Expositor...", publicado em *O Trevo* nº 309, de março de 2000)

10 — Pode nos falar sobre Razin, entidade que espiritualmente supervisiona as Escolas?

R — Nosso irmão maior Razin, desde os primeiros tempos da organização da Casa, presta-lhe sua colaboração; por motivos justos encarregou-se da supervisão das Escolas e da Fraternidade dos Discípulos[1]; e estende essa supervisão às Escolas novas que se vão abrindo agora. É um dos muitos trabalhadores da linha oriental que prestam ajuda ao anjo Ismael — o guardião de nosso País e responsável pela sua orientação, dentro do conjunto espiritual planetário que Jesus impulsiona na sua evolução. (Pergunta do dr. Ney ao Cte. Edgard Armond, publicada em *O Trevo* nº 1, novembro de1973)

11 — Quais as alternativas para os servidores, ao término da Escola de Aprendizes?

R — Na Escola de Aprendizes do Evangelho, ao termo final da custosa preparação, à hora da conclusão, os servidores se defrontam com as seguintes alternativas:

a) ou avançam firmemente no terreno da luta contra si mesmos; eliminaram vícios e parte dos defeitos morais, com o esforço e boa vontade que foi possível, apresentando-se agora a Jesus com sua alma limpa e tranquila e seu coração ansioso pelas novas investiduras a receber como discípulos;

b) ou, diferentemente, conseguiram aprovação na conformação dos regulamentos da Escola, mas não alcançaram esse ponto mais alto de autopurificação, apresentando-se com dúvidas e reservas de consciência, por não saberem se podem ou não, devem ou não, arcar com as responsabilidades espirituais de arautos e testemunhadores do Divino Mestre na Terra.

Se as dúvidas existem por minimizarem suas possibilidades, nada impede aos discípulos que venham a se tornar bons trabalhadores, iniciando a tarefa prudentemente e só se lançarem em definitivo,

[1] Em 6 de junho de 1992, comemorando 40 anos da criação da Fraternidade dos Discípulos de Jesus – FDJ, no Salão Bezerra de Menezes da Federação Espírita de São Paulo, sede da Rua Santo Amaro, diversos médiuns relataram que Edgard Armond na Espiritualidade, cujo desencarne ocorreu em 29/11/1982, foi designado Venerável da FDJ.

quando se julgarem fortificados em si mesmos; mas se vacilam por má vontade ou temor de arcar com responsabilidades, isso prova que não têm ainda qualidades para serem discípulos verdadeiros, caso em que devem se abster e recomeçar. (Resposta de Edgard Armond, extraída do texto "Dúvidas Compreensíveis", do livro *Lendo e Aprendendo*)

a) Origem

Se é verdade que a voz do Mestre logo se calou no cenário do mundo, é também verdade que jamais deixou de soar através do Evangelho, seja no íntimo das consciências, seja pela boca de médiuns e expositores. O Mestre se calou, mas prossegue falando. É esse testemunho da ação sob todas as formas, que os Aprendizes e Discípulos devem dar: mesmo em silêncio, suas atitudes devem falar, testemunhando. (Edgard Armond, em *O Trevo* nº 6, junho/julho de 1974)

12 — O que motivou Edgard Armond a se dedicar a uma iniciativa como a Escola de Aprendizes do Evangelho?

R — Acontece que a maioria dos beneficiados com os passes, tempos depois, retornava em busca de novo socorro. Era necessário oferecer oportunidade de aprimoramento espiritual para que as pessoas pudessem adquirir condições de mudança interior, de mudanças de padrão vibratório, de crescimento. Surgiu, assim, a Escola de Aprendizes do Evangelho.

A primeira turma da Escola foi instalada em 1950 e concluiu o curso em 1953, ingressando na Fraternidade dos Discípulos de Jesus em 6 de março de 1954. Essa Fraternidade, cujo Estatuto é o Sermão do Monte, oferece ao discípulo oportunidades de livre testemunhação nos mais diversos setores do serviço ao próximo, à sociedade e a si mesmo, mediante o esforço continuado de Reforma Íntima. A Escola de Aprendizes do Evangelho é um programa com aulas teóricas e vivências no campo da reforma moral. Visa, única e exclusivamente, formar pessoas evangelizadas para a prática do cristianismo redivivo.

Grandes obras sociais e centenas de centros espíritas, por todo o Brasil, foram criados e são sustentados pelo esforço de discípulos conscientizados na Escola. Dentre as obras podemos citar: a Casa Transitória, a Instituição Espírita Nosso Lar, o CVV – Centro de Valorização da Vida, a campanha Auta de Souza.

A Escola de Aprendizes do Evangelho impôs novo dinamismo ao movimento espírita, pois quem aproveita seus ensinamentos busca sempre o trabalho e multiplica obras e centros. (Extraído do texto "Influências das Idéias de Edgard Armond", publicado em *O Trevo* nº 186, de agosto de 1989)

13 — Comandante Edgard Armond, pode nos contar como foram iniciadas as Escolas de Aprendizes do Evangelho?

R — Na organização da Federação, que foi efetivada metódica e gradativamente, a partir de 1940, cuidando-se em primeiro lugar do atendimento público a necessitados em geral e, logo após de uma Escola de Médiuns, tornou-se evidente a lacuna existente no importante setor de evangelização dos adeptos, precária e protelatória quando entregue, como sempre esteve, ao arbítrio individual.

Como essa organização estava sendo feita para atender, em futuro bem à vista, multidões de frequentadores e, para fugir, tanto quanto possível, ao misticismo exagerado, o meio mais natural e lógico, seria uma escola especializada, de caráter iniciático, didático, aberta, sem restrições nem mesmo de religião, integrada em um organismo de cúpula — uma Fraternidade — tudo racional e convenientemente adaptado ao Espiritismo religioso.

Assim se organizou a Escola, com base na Reforma Íntima, a difundir-se amplamente no Estado e no País. (Pergunta do dr. Ney ao Cte. Edgard Armond, publicada em *O Trevo* nº 1, novembro de1973)

14 — Por que surgiu a Escola de Aprendizes do Evangelho?

R — Em alguns casos de não compreensão de finalidades, ocorrem restrições às matrículas nesta escola e na consequente integração na Fraternidade dos Discípulos de Jesus.

O sistema foi oferecido como poderoso elemento no campo coletivo, para a elevação moral dos adeptos da Doutrina Espírita e outros interessados e não deve sofrer restrições.

Foi organizado e oferecido para atender ao ponto máximo do ensinamento cristão, das transformações morais dos seguidores de Jesus e para que a Doutrina possa enfrentar a situação difícil e que dia-a-dia se torna mais crítica, com a rebeldia generalizada e popular no mundo, sobretudo dos jovens, pela má orientação religiosa recebida. Porque, mesmo no Espiritismo, não basta a assistência material e os atendimentos de doentes, como contribuição na parte religiosa, porque isto todos fazem, até mesmo os materialistas.

Se o sistema de evangelização proposto for aplicado de conformidade com as regras e os princípios estabelecidos desde a criação da Escola, em 1950, a difusão do Evangelho será hoje muito mais ampla e profunda e muito melhor se colocará a Doutrina ante a projeção popular de outras linhas sectárias que estão se sobrepondo e se tornando influentes por todo o país, como é de conhecimento geral.

Nesta hora em que essas correntes de atividades paralelas tomam dianteira, assumem liderança e tentam sobrepor-se à Doutrina na orientação religiosa do povo, utilizando muitas vezes seu próprio nome, a evangelização feita com todo rigor e amplitude seria a resposta adequada, eficiente e de resultados positivos, porque neste terreno não há substituições possíveis. (Resposta extraída do texto "184 – Escola de Aprendizes do Evangelho", do livro *Na Semeadura II*, de Edgard Armond)

15 — Que vantagem outra nos traz o autoconhecimento?

R — O conhecer-se a si mesmo, além do mais, serve para nos acostumarmos a não julgar o próximo.

É grande a tolerância dos nossos irmãos espirituais para nossos defeitos, transgressões e reincidências; nossa melhor compreensão dos próprios erros nos assegurará esse auxílio enquanto vivermos, desde que sejamos humildes e tolerantes uns com os outros, sem falsidades ou excessos. (Resposta extraída do texto "Não Julgar", do livro *Lendo e Aprendendo*, de Edgard Armond)

16 — Como situar a Escola de Aprendizes do Evangelho na evolução da Doutrina Espírita?
R — O Espiritismo é doutrina altamente realizadora, sobretudo no campo da vida moral, cuja base é o Evangelho de Jesus, o Cristo Planetário. A Escola de Aprendizes do Evangelho foi criada em 1950 para preencher uma larga lacuna existente no setor educativo da Doutrina, sobretudo no campo da formação religiosa, indispensável à evangelização dos adeptos, o que vale dizer, à sua redenção. (Resposta de Edgard Armond, extraída do texto "58 – Realização", do livro *Na Semeadura II*).

17 — Na organização do programa da Escola, que circunstâncias principais foram consideradas?
R — a) O baixo nível cultural dos adeptos pertencentes, em grande maioria, às classes menos favorecidas da sociedade e, por isso mesmo, ainda mais merecedoras de atendimento.

b) A urgência da evangelização para todos nós, neste fim de ciclo evolutivo, considerando também o precário nível de espiritualização da humanidade em geral.

c) A preparação do maior número para a vivência na Terra renovada do futuro, onde o Evangelho cristão será regra e lei. (Resposta de Edgard Armond, extraída do texto "Cuidemos da Boa Planta", no livro *Verdades e Conceitos II*).

18 — A noção de Reforma Íntima não destaca excessivamente a questão dos defeitos?

R — Outro erro que ocorre com alguma frequência é a repetição exagerada do destaque aos nossos vícios e defeitos. Pode haver uma introjeção no mente dos aprendizes de que, por sermos orgulhosos, egoístas, vaidosos, invejosos, carregamos uma essência de má qualidade que devemos extirpar a todo custo agora.

Ora, a idéia de "pecado", como antigamente era conceituada (infração que conduzia à condenação eterna da alma), não existe mais. Foi substituída pela idéia de "consciência pesada", o que é muito mais significativo para quem desperta para a Reforma Íntima, para melhor.

O erro humano, presentemente, faz parte do mundo que Deus nos deu para vivermos. Lutarmos contra os nossos erros, vencermos nessa luta, na nossa escalada evolutiva dos Reinos Animal, Hominal, ao Reino Angelical é o nosso destino, e podemos fazer da EAE uma boa arma nessa nossa luta, nessa nossa caminhada.

Lembremos que orgulho, egoísmo, vaidade são qualidades do ponto de vista do automatismo animal que nos asseguram a aquisição de uma séria de importantes capacidades individuais na perpetuação da espécie. São sequelas hoje, pois a vida inteligente do ser humano dispensa tais comportamentos para conquistar novos valores mais sublimes da alma humana.

Ou seja, a Reforma Íntima é um processo de libertação de uma série de características limitantes.

Conhecemos nossos defeitos, devemos também lembrar das qualidades a conquistar, das virtudes que estamos progressivamente adquirindo, o que traz a alegria no esforço e no trabalho cristãos e no cumprimento da proposta do programa da EAE.

A Escola de Aprendizes do Evangelho é, portanto, um caminho de libertação. Nós, homens, fizemos das religiões do passado, cadeias e prisões das consciências, pelo medo, alimentando nosso sentimento de culpa e pouco contribuindo para nossa caminhada como filhos de Deus. Não somos pecadores, somos alunos. E o aluno da 1ª série não é pecador em relação ao aluno da 4ª série. (Resposta extraída do texto "Conceitos sobre a Escola de Aprendizes do Evangelho", item "Pecado e Salvação" publicado em *O Trevo* nº 253, de julho de 1995)

19 — Diz-se que na Escola não há Kardec. É verdade?

R — Não. “Os conhecimentos gerais da Doutrina devem ser dados pelas obras da Codificação, cujas bases essenciais foram ditadas a Kardec por entidades espirituais de elevada hierarquia e estruturadas, coordenadas e comentadas por ele de forma altamente sensata, elevada e profunda, visando sua difusão generalizada na sociedade humana.

A parte religiosa, que é a fundamental, sobretudo nos dias que vivemos, tem base no Evangelho de Jesus, cuja iniciação, preparação e vivência, devem ser feitas em cursos e escolas apropriadas. A Escola de Aprendizes do Evangelho foi criada, em 1950, justamente para preencher essa necessidade iniciática moral com programas adequados a essa essencial finalidade”. (Resposta de Edgard Armond, extraída do texto “A Doutrina dos Espíritos”, do livro *Na Semeadura II*)

20 — Comandante Edgard Armond, como o senhor se coloca no papel de fundador da Escola naqueles dias do seu planejamento?

R — Naturalmente que como defensor da sua integridade, pureza e finalidades; dos princípios e regras elaborados na ocasião, por inspiração do Plano Espiritual Superior (que também inspirara a organização da Casa, em 1940); de sua difusão livre e desembaraçada porque a luz, como ensinou Jesus, não deve ficar ocultada pelo velador, mas desembaraçada dele, para que ilumine o ambiente; mostrando que a Escola não pode ser privilégio de instituições, contrariando os ideais de sua criação. Jesus também não recomendou isso quando disse que o Evangelho deveria ser levado a todas as partes, antes que viesse o fim?

O fim está se aproximando muito depressa e a difusão evangélica por essas escolas, devido a lamentáveis opiniões pessoais prevalecentes, mal iniciou seus primeiros passos! Por outro lado, se neste nosso País, que é considerado a Pátria do Evangelho, escolas de evangelização não se difundem, onde então poderão fazê-lo? Se não o podem, sendo parte de uma doutrina tida como libertadora de consciências, como aceitar prevalência de exclusivismos?

No livro *Guia do Aprendiz*, à página 71, declaramos que a Reforma Íntima é tão urgente, que a inexistência de escolas não deve impedir que seja feita, mesmo individualmente, respeitadas as diretrizes iniciais da sua instalação em 1950.

E acrescentamos agora que o ideal seria que em todos os centros espíritas esse organismo existisse e, em caso de impossibilidade, pelo menos cursos especiais destinados à reforma de todos os frequentadores, por ser medida inadiável de aperfeiçoamento moral e purificação espiritual para todos os verdadeiros espíritas; sendo também certo que essa medida redundaria em grande prestígio social para essas Casas, obtenção de melhores coberturas espirituais e o recebimento carinhoso de bênçãos emanadas do Divino Mestre Jesus. (Pergunta do dr. Ney ao Cte. Edgard Armond, publicada em *O Trevo* nº 1, novembro de1973)

b) Aprendizes do Evangelho

"Já não falarei muito convosco" (João 14:30)

21 — Por que a Escola de Aprendizes tem essa denominação?

R — Estamos, pois, na hora de iniciar a luta pela própria redenção. Por isso mesmo é que foi criada a Escola de Aprendizes do Evan-gelho. **Não de estudantes, mas de aprendizes**. Não escola para se conhecer o Evangelho teoricamente, mas para vivê-lo e assim evoluir mais depressa. (Resposta extraída do texto "69 – Esforço de Redenção", do livro *Enquanto é Tempo*, de Edgard Armond)

22 — Qual o mérito da Escola de Aprendizes do Evangelho?

R — Proporcionar conhecimentos e estimular o aluno a aplicar em si tais conhecimentos. Trata-se realmente da Didática Espírita, que leva o indivíduo a reformar-se, contrariamente à didática clássica, que se preocupa em transmitir conhecimentos apenas.

O homem reformado não se preocupa com rótulos. É simplesmente um discípulo de Jesus, não porque se rotulou, mas, porque vive os ensinamentos de Jesus. (Resposta extraída do texto "A Lição de um Diálogo", de Valentim Lorenzetti, publicado em *O Trevo* nº 5, de maio de 1974)

23 — Qual deve ser a significação do Evangelho para o Espiritismo?

R — A significação do Evangelho para o Espiritismo não deve ser simplesmente religiosa ou mística, mas iniciática: o homem encaminhando-se pelos caminhos da vida espiritual, como ponto de partida na REFORMA ÍNTIMA; eliminando hábitos, vícios e costumes perniciosos; defeitos morais, sentimentos e pensamentos incompatíveis com essa realização espiritual; e buscando adquirir virtudes próprias do *homem novo, transformado*, que deve, com toda sinceridade, desejar ser.

E quão profundo e extraordinário é o poder do Evangelho para operar essa transformação!

Compreendendo que nenhum de seus problemas íntimos e vitais se resolve pelo conhecimento simplesmente teórico ou místico, porque esses problemas não residem no exterior, mas no seu próprio íntimo, concluirá logo que o Evangelho não pede um *conhecimento intelectual,* mas uma *vivência individual. Vivendo* o Evangelho e *testemunhando-o* como é necessário, o homem se espiritualiza, se engrandece, sobe para Deus.

O conhecimento simplesmente teórico ou místico não muda o homem, mas, muito ao contrário, lhe aumenta os débitos espirituais porque a *quem muito é dado, muito será pedido* e também porque *a fé sem obras é morta*; e como o homem, para viver e exemplificar o Evangelho, antes de mais nada, deve *reformar-se*, segue-se que sua primeira obra, e sua primeira exemplificação, devem ser em si mesmo, *transformando-se no homem novo* a que o Evangelho se refere.

Cada um de nós deve espiritualizar-se por si mesmo, por decisão própria, por esforços próprios, tendo o Evangelho como norma de ação, agindo e não somente crendo.

Todo aquele que quiser, verdadeiramente, iniciar-se na vivência evangélica, no momento em que decide fazê-lo, abre portas amplas no Plano Espiritual para o recebimento de auxílio, assistência e inspiração.

Os dias atribulados que vivemos e os ainda mais difíceis que estão por vir, exigem do homem sensata reflexão e a decisão, segura e definitiva, de evangelizar-se, para redimir-se. (Resposta extraída do texto "Preâmbulo", de Edgard Armond, publicado em *Comentários Evangélicos de Bezerra de Menezes*, edição de 2001)

24 — Qual o propósito dos graus na Escola de Aprendizes do Evangelho?

R — Quando organizamos a Escola de Aprendizes do Evangelho, como elemento hábil à disposição do Plano Maior, estabelecemos esses dois graus preparatórios de "aprendiz" e "servidor" visando as preliminares de adaptação ao ambiente novo, ao processo novo de iniciação e a conveniência do esforço conduzido pelo próprio aprendiz, interessado na Reforma Íntima; também ao adestramento da vontade e da perseverança na luta contra si mesmo; e à afirmação de si próprio como elemento autoresponsável sobre o controle da carne e dos hábitos comuns a modificar ou eliminar, dentre os quais os mais perniciosos e disseminados, como o fumo, o alcoolismo, o jogo, o sensualismo, a maledicência e outros mais.

Durante o aprendizado, o esforço seria feito, as convicções firmadas no íntimo de cada um e as metas alcançadas gradativamente. (Resposta de Edgard Armond extraída do texto "Escola de Aprendizes do Evangelho", publicado em "Aos Aprendizes", contido na coletânea *Falando ao Coração*, Editora Aliança)

25 — Como apresentar a Prece dos Aprendizes?

R — ... embora sendo cantada, é na verdade uma prece igual a tantas outras, só que com um objetivo definido, servir de abertura para as escolas ou trabalhos da FDJ.

Não se trata de um ritual, mas de um poderoso elemento de harmonização. (Resposta extraída do texto "As Origens da Escola de Aprendizes", publicado em *O Trevo* nº 135, de maio de 1985)

26 — Como cultivar o ambiente fraterno na EAE?

R — O ambiente fraterno começa com o respeito entre os participantes do grupo. A disciplina, com obediência a horários e observação do Centro Espírita como templo, ajuda nisso. Desde o início do curso, é necessário explicar, com gentileza e firmeza, o porquê de certos procedimentos. Como muitos alunos vêm da Assistência Espiritual, é preciso zelar para que haja, nessa atividade, a aplicação dos mesmos princípios. (Resposta extraída do texto "Seminário: Escola de Aprendizes", publicado em *O Trevo* nº 287, de maio de 1998).

27 — O que é fundamental em um processo de iniciação espiritual?

R — Há três verdades iniciáticas fundamentais para a aquisição do conhecimento espiritual, que podem ser formuladas da seguinte maneira por autores respeitáveis:

1) alma humana é imortal e seu futuro é algo cujo crescimento e esplendor não têm limites;

2) o princípio que dá a vida, reside em nós e fora de nós, porque é universal, imortal, e eternamente beneficente; não se pode ouvi-lo, nem vê-lo, nem senti-lo, mas quem deseja perceber, percebe-o;

3) cada ente humano é seu absoluto legislador; dispensador de glória ou de obscuridade a si mesmo; determinador de sua vida, sua recompensa ou sua punição.

(Resposta extraída do texto 60 "Verdades Iniciáticas", do livro *Na Semeadura I*, de Edgard Armond)

c) Fundamentos

28 — Quais são os pilares da Iniciação Espírita?

R — a) Formação doutrinário-moral com base rigorosa na Reforma Íntima, pela Escola de Aprendizes do Evangelho.

b) Difusão e exemplificação evangélica no plano social coletivo, pela Fraternidade dos Discípulos de Jesus.

c) Assistência social em todos os sentidos.

Formação mediúnica para manter abertos os canais da revelação, pela Escola de Médiuns e cursos complementares. (Resposta de Edgard Armond, extraída do texto 70 "Predestinação", do livro *Enquanto é Tempo*).

29 — Como acompanhar Jesus?

R — Pensam alguns que seguir Jesus é acompanhá-lo de uma longa distância. Julga-se que seja simplesmente contemplar a luz, estando-se em treva. Imagina-se que seja colocar os pés sobre sangrentas pegadas deixadas pelo Mestre. Supõe-se que segui-lo é voltar as costas a toda alegria, ao gosto pela vida, às sensações felizes que o Senhor nos propicia; é ser um morto-vivo encarcerado em dogmas e proibições, açoitado e torturado pelas tentações, escarnecido pelos homens, apoquentado pelas necessidades dos familiares mal atendidos, relegados por eles ao abandono e todo voltado para as coisas espirituais, fracassando pelo olvido da sentença "Daí a César o que é de César" ou pelo esquecimento de que "se não formos fiéis nas coisas mínimas, como seremos nas grandes?"

Seguir o Mestre não é apenas subir ao Calvário, não é unicamente receber a coroa de espinhos; não é tão somente ser pregado ao madeiro infamante do mundo, se o sofrimento não nos transformar em uma tocha viva de amor pelo próximo.

Jesus afirmou que estreita é a porta e apertado o caminho que conduz à vida; mas ensina-nos também a nos diminuirmos para poder acompanhá-lo e seguir o caminho.

O homem vaidoso, sensual, ambicioso das coisas materiais é grande demais para penetrar a porta e alcançar o caminho, mas, despojado de seus defeitos, pode fazê-lo, porque se afinou espiritualmente. O homem enfatuado, rixento, egoísta, perverso, é muito volumoso, por estar pejado de más qualidades, mas, despido de seus defeitos, passará folgadamente, porque evangelizou-se.

Se a porta é estreita e o caminho apertado é porque nós somos largos em vaidade, ambições, vícios e enganos, pesados demais para os voos da espiritualidade; cheios de nós mesmos para que haja em nós um lugar para o Mestre. Muito seguros de nossas capacidades e entulhos mundanos, para permitir que Ele nos oriente; muito absorvidos pelas ilusões do mundo para perceber as realidades do Reino de Deus; enfatuados em grandezas para nos tornarmos simples como meninos, capazes de receber a visita do Redentor. E nessa nossa vã sabedoria, vã riqueza e vão orgulho, perdemo-nos porque, se somos sábios, ricos e poderosos entre os homens, surgiremos ignorantes, pobres e fracos perante Deus.

Seguir a Jesus não é acompanhar o desconhecido, de longe. Ninguém pode segui-lo realmente se com Ele não teve um contato, ainda que breve; não O sentiu mais de perto; não experimentou uma crise espiritual, um impulso renovador e, às vezes, mesmo, uma experiência como a de Paulo de Tarso na estrada de Damasco. Não se acompanha em confiança, fé e amor àquele que se não conhece, ainda que seja em espelho de enigma, para ao depois se contemplar face a face.

A Doutrina Espírita nos faculta ver, com meridiana clareza o deslumbrante panorama da Escada de Jacó. Guardemo-nos bem para sermos como os anjos que sobem e se, alguma vez descermos, que seja para amparar os que menos saibam, ou menos sintam o Evangelho, mas não para recair em velhos erros e tendências.

Sigamos o Mestre com alegria, pois, se apertada é a porta e estreito o caminho que conduz à vida, a divina bondade, magnífica e ilimitada, nos faculta adelgaçarmo-nos pela espiritualização para os transpormos sem maiores sofrimentos, realizando-se em nós as sagradas bem-aventuranças de que Jesus foi e ainda é a personificação. (Resposta do Espírito Razin extraída do texto "Mensagem de Razin", publicado em *Comentários Evangélicos de Bezerra de Menezes*, de 2001)

30 — O que representa a figura do trevo nas Escolas?

R — O trevo é a adoção do símbolo de uma Fraternidade do Espaço, das primeiras, aliás, a se encarregarem do esforço de proteção e encaminhamento dos trabalhos culturais e evangélicos.

Seu sentido é aparentemente designativo e simbólico, semelhantemente ao que é largamente usado também em nosso plano material para designar empreendimentos industriais, comerciais, agrícolas, educacionais, religiosos etc., conquanto o primeiro é mais que isso e penetre mais fundo na realidade espiritual.

O Espiritismo, a nosso ver, não deve, como alguns sugerem, fechar-se em si mesmo, ignorando hábitos, costumes e crenças de outros povos e outras épocas, pois que tudo está encadeado nos programas cósmicos; é uma doutrina cósmico-religiosa porque sua finalidade principal é a redenção da humanidade; por isso é que tem como base moral o Evangelho de Jesus, que é universal, não partidário. (Pergunta do dr. Ney ao Cte. Edgard Armond, publicada em *O Trevo* nº 1, novembro de1973)

31 — O que é preciso para que a Reforma Íntima tenha sucesso?

R — Para que a Reforma Íntima tenha êxito é indispensável a eliminação sistemática de vícios e defeitos, de maus desejos, perjúrios, avareza, luxúria e outras falhas morais.

O esforço deve ser feito para que o aprendiz se torne vazio de emoções negativas e adquira impulsos sãos, construtivos, bondosos e assim possa elevar-se do conjunto humano num processo de autopurificação abrangente do corpo e do Espírito. (Resposta extraída do texto 209 "Reforma Íntima", do livro *Na Semeadura II*, de Edgard Armond)

32 — Como compreender a figura histórica do apóstolo Judas?

R — Tanto nos evangelhos como em outras fontes, sempre consta que Judas, após sua traição, enforcou-se numa figueira, às portas da cidade; porém, há obras mediúnicas autorizadas que negam esse fato como, por exemplo, as de Hilarion do Monte Nebo, membro proeminente da Fraternidade Essênia contemporâneo e amigo de Jesus.

Segundo ele, Judas ainda viveu muitos anos após o drama do Calvário. Viveu obscuramente afastado de todos. Arrependido do que fizera, voltando-se exclusivamente ao resgate de sua falta, cuidando dos leprosos e outros necessitados, nos vales do Hinon e do Kidron, junto aos muros de Jerusalém.

Mas, se ele não houvesse traído o Divino Mestre, como o fez naquela noite sombria, Jesus por ventura teria sido desviado de sua rota sacrificial? Teria interrompido suas pregações, abandonado sua tarefa messiânica e desmentido os profetas antigos que vaticinaram sua morte? Certamente que não.

O próprio mestre anunciara também sua morte na cruz, falando nela várias vezes e sabia, por experiência própria, que os messias salvadores de humanidades, via de regra, eram sacrificados nas tarefas gloriosas.

Por outro lado, os apóstolos (alguns deles) eram Espíritos que já haviam servido aos messias planetários em outras encarnações anteriores e manifestavam, como quaisquer outras pessoas, seu temperamento, seu caráter moral e seu grau evolutivo; e Judas tinha também seus defeitos, um dos quais seria talvez a falta de desprendimento e a ambição de coisas materiais. (Resposta de Edgard Armond, extraída do texto “165 – Versões sobre Judas”, no livro *Na Semeadura I)*

33 — Como o dirigente de EAE deve conduzir a questão dos vícios?

R — Este assunto voltou ao debate na reunião do Vale. Foi relembrada orientação no *Guia do Aprendiz*, sobre a prioridade a ser dada no primeiro ano da Escola ao combate aos vícios.

Jacques recordou passagem com Carlos Jordão da Silva, em 1970, à época presidente da USE (União das Sociedades Espíritas) que mostra que, em relação às "coisas do mundo" o erro não está no uso, mas no abuso. "A virtude está no ponto de equilíbrio, nunca nos extremos".

"Vício é um hábito nocivo [comportamento tão repetitivo que chega ao ponto da dependência] a mim ou aos meus circunstantes", definiu Jacques. Esse quadro não restringe o assunto ao fumo, à gula e ao álcool. Esparrama-se pela crítica destrutiva, capaz de destruir projetos, ideais, a intimidade e as expressões das pessoas. Ramifica-se ainda pela maledicência, ambição de mando, vaidade em certas manifestações. (Resposta extraída do texto "Reciclagem sobre Escola de Aprendizes", publicado em *O Trevo* nº 322, de abril de 2001)

34 — Por que se combate tanto o alcoolismo na Escola de Aprendizes?

R — O álcool degrada e altera até mesmo a constituição e o aspecto psicofísico do viciado: degenera não somente o corpo físico, mas o próprio Espírito, que também se contamina e assim permanece no outro Plano.

Não só o próprio viciado, mas, também, todos aqueles que concorrem à existência e à perpetuação desse vício serão responsáveis e não terão condições para viver na Terra saneada do futuro, onde não haverá lugar para eles. (Resposta extraída do texto 130 "Alcoolismo", do livro *Na Semeadura I*, de Edgard Armond)

35 — O fumo também causa efeitos no perispírito?

R — Assim como o álcool, o fumo também atinge a contextura fluídica do perispírito. É na área do Corpo Etéreo que se opera a transformação da fumaça em fluido assimilável pelo perispírito. É aí nesse Corpo — que é cortina protetora do perispírito — que as emanações deletérias do mundo físico, provindas das paixões inferiores dos vícios e dos pensamentos impuros, se projetam livremente e atingem o perispírito, desorganizando sua delicada contextura. A nicotina abre nesse Corpo rasgões, dilacerações, pelas quais o tóxico atinge o perispírito, produzindo perturbações de várias naturezas. E, quando o fumante desencarna, sente no plexo solar o mesmo incontrolável desejo que sentia na carne e que agora não pode mais satisfazer; por isso ataca os viciados encarnados e os leva a fumar e, por intermédio deles, sacia-se, aspirando a fumaça em verdadeira simbiose obsessiva, como também acontece com o álcool e outros entorpecentes. (Resposta extraída do texto 133 "O Fumo – Efeitos no Perispírito", do livro *Na Semeadura I*, de Edgard Armond)

36 — Por que no primeiro ano da Escola se incentiva o aprendiz a eliminar a gula?

R — A sobriedade na alimentação reduz o trabalho dos órgãos responsáveis pela digestão e assimilação, que são estreitamente solidários no metabolismo orgânico do homem encarnado.

Isto feito, os resíduos a eliminar se reduzem e, consequentemente, fica disponível maior quantidade de energia para as atividades individuais. (Resposta de Edgard Armond, extraída do texto 121 "Sobriedade na Alimentação", do livro *Na Semeadura I*)

37 — Aprendizes e trabalhadores bem intencionados fazem sempre perguntas sobre se o sexo deve ser combatido e se é elemento perturbador do progresso espiritual.

R — Usar o sexo como simples e dominante meio de satisfação de desejo animal, pelo simples prazer físico, é prejudicial ao progresso espiritual, porque mantém os vínculos dominantes da carne.

Abusar do sexo visando multiplicar as oportunidades desse conúbio, isso é prejudicial porque termina por se tornar um mero viciamento de animalidade. (Resposta extraída do texto 208 "Controle do Sexo", do livro *Na Semeadura II*, de Edgard Armond)

38 — Sexo e disciplina?

R — Nas esferas espirituais, o que respeita às atividades referentes ao sexo reflete-se em nosso mundo inferior, na sua feição deformada, como aqui o sentimos e praticamos.

Para compreender, usar e disciplinar o sexo, esse atributo humano como aqui se apresenta, são necessários conhecimentos adequados, alta noção de responsabilidade moral, forte vontade e, ainda, um aprendizado educacional que venha da infância e se reflita na vida como adulto, para que o ser humano se conduza com retidão e sensatez.

O conhecimento mais profundo do Espiritismo em parte concorrerá para essa compreensão mais perfeita, sobretudo se o adepto se devotar à sua Reforma Íntima, na Escola de Aprendizes do Evangelho, para que o potencial de amor que existe originariamente na centelha divina, em sua pureza, seja então desenvolvido e utilizado, já agora como atributo natural e espontâneo do Espírito que evoluiu e se engrandeceu face à verdade e se assegurou a si mesmo a possibilidade de regresso, mais pronto e livre às origens divinas, nos planos sublimes do Reino de Deus. (Resposta de Edgard Armond, extraída de questão 277 do tópico 52 do livro *Respondendo e Esclarecendo*)

39 — Essa Escola de Evangelho que estão abrindo oferece alguma diferença para nós, se nos matricularmos nela?

R — Evangelizar para evoluir mais depressa é o lema inalterável das Escolas de Aprendizes do Evangelho que visam, primeiramente, preparar e desenvolver a conscientização dos aprendizes, tendo em vista suas futuras responsabilidades como discípulo; e, depois, promover sua espiritualização, com base na vivência evangélica, conforme os ensinamentos de Jesus; e, por fim, sua redenção, segundo eles possam demonstrar, na exemplificação das tarefas que terão que desempenhar após a terminação dos cursos e, sobretudo, segundo os resultados que colherem no esforço individual da Reforma Íntima.

Mas perguntarão: para que tudo isso? Respondemos: para que os aprendizes, futuramente, pelo próprio esforço, se libertem dos sofrimentos e da materialidade da vida neste mundo inferior que é a Terra. (Resposta extraída da coluna "Esclarecendo", de Edgard Armond, publicado em *O Trevo* nº 17, de julho de 1975)

40 — Quais os cuidados para evitar que a EAE se elitize?

R — Estas escolas não foram criadas para estudos teóricos do Evangelho, ou de Doutrina Espírita em sentido geral.

São uma iniciação doutrinária do setor religioso, com base nos ensinamentos de Jesus, nos quais somente devem se inscrever aqueles que desejem realizar, em si mesmos, as transformações morais que o Evangelho exige nas suas testemunhações.

Jesus, ao falar sobre essas transformações, referiu-se a um *homem novo*, purificado à luz das verdades que ensinava, e cujo substrato se configura no Sermão do Monte. E, no mesmo estilo figurado, disse que não há proveito em se fazer *remendo em roupa velha,* significando que, para essas transformações, é preciso renovar tudo, desprezando-se preconceitos sociais e religiosos, contemporizações, arranjos, adaptações; é necessário tecer um tecido novo, em trama mais resistente, para que perdure e o trabalho seja aproveitável.

A roupa velha é o *homem velho*, saturado de vícios e defeitos, e o *homem novo* é aquele que recebe o remendo (compreensão, preparação, purificação e serviços), tudo resumido na *Reforma Íntima*, que é o principal fundamento e finalidade inarredável destas Escolas.

E essas transformações não se realizam com teorias (como temos várias vezes afirmado), com meias medidas; para elas a regra é: o não, não; sim, sim, do Evangelho; o oito ou oitenta, da gíria popular; ação não com palavras, mas com fatos concretos e conscientes; com mudanças internas profundas; com sacrifícios e renúncias, e nunca com simples aparências enganadoras.

POR ISSO A REFORMA ÍNTIMA É OBRIGATÓRIA E NÃO ALEATÓRIA. Depende de decisões pessoais e corajosas, no sentido de efetivá-las rigorosamente e jamais supor que ela se possa realizar por si mesma, ou na força das palavras dos expositores e dirigentes, algumas vezes precisados tanto delas, como os próprios aprendizes.

Não se pode usar o termo "Reforma Íntima" separado de sua verdadeira e irrecorrível significação: de transformações morais.

Escolas de Aprendizes do Evangelho sem a obrigatoriedade da Reforma Íntima é um contra-senso, quando não for um subterfúgio usado para fugir a essa verdade; uma adaptação cômoda, porém, inútil; ou uma tolerância contraproducente, porque não atinge o alvo essencial do esforço, que é a evangelização.

Conquanto essas medidas satisfaçam por ventura a Instituições que mantém Escolas, os benefícios serão inconsistentes e ilusórios, como a experiência tem demonstrado, inclusive esta de ostentar número elevado de alunos; e tudo reverte, por fim, em descrédito da Doutrina e frustração momentânea dos programas do Plano Espiritual Superior para o nosso meio. (Resposta extraída do texto "Verdades sobre as Escolas de Aprendizes do Evangelho", de Edgard Armond, publicado em *O Trevo* nº 4, de março/abril de 1974)

41 — Como dosar as informações transmitidas aos alunos, sobretudo no começo do curso?

R — Os conceitos sobre a Escola de Aprendizes do Evangelho ficam bem definidos como consequência de um processo de amadurecimento interior. Não é em quarenta minutos que se conclui esse processo. Este conceito vai se configurando como realidade íntima decorrente do nosso amadurecimento consciente e progressivo.

Há turmas em que os alunos estão entendendo e assimilando estes conceitos. E há outras em que os alunos nem perceberam que estão numa escola iniciática.

O nosso ideal é renovador: para nós, constitui-se em grande desafio reciclarmos a postura religiosa do passado, a qual conservamos por muitas encarnações. E o processo renovador atinge qualquer criatura, seja qual for sua religião. (Resposta extraída do texto "Conceitos sobre a Escola de Aprendizes do Evangelho", item "Amadurecimento", publicado em *O Trevo* nº 253, de julho de 1995)

42 — Como lidar com a ausência generalizada de tempo alegada pelos participantes da Escola?

R — Após o ingresso na Fraternidade, os discípulos, conforme já dissemos, devem fazer um balanço das suas condições mais íntimas, para saber o que podem, no momento, desenvolver em benefício da sua tarefa; verificar quais seus compromissos domésticos, sociais e de trabalho profissional e qual o tempo de que podem dispor no momento; e, ainda, conciliar todos estes fatores de ordem material com aqueles que concernem à tarefa e aos testemunhos que devem dar como discípulos. (Resposta de Edgard Armond, extraída do capítulo 2 do *Guia do Discípulo*)

43 — Qual é a mensagem que se deixa para os jovens que frequentam as EAEs e que muitas vezes enxergam o mundo com algum pessimismo, já que é uma época bastante difícil para se viver?

R — Para que eles se aproximem mais de suas famílias, procurem com elas se harmonizar, entender os mais difíceis, dar uma parcela do seu tempo (mesmo que seja pouco) para trocar idéias. Digo isso porque a família é e sempre será a célula mestra da sociedade. É onde os valores são transmitidos e a nossa personalidade solidificada.

As Escolas deveriam, desde o início, mostrar isso aos jovens alunos. Se eu não me harmonizar com os mais próximos, não poderei me doar integralmente.

Outra mensagem é que leiam o livro de Ismael Armond: *Edgard Armond, meu pai*. Este belíssimo livro resgata textos inéditos, ensinamentos, documentos antigos do seu arquivo pessoal, mensagens, poesias, hinos e contos. Tudo inédito. E nos mostra seu maior ideal, que é a Fraternidade. Foi este o seu legado de 27 anos de incansável trabalho na Feesp (Federação Espírita do Estado de São Paulo) e na

Aliança Espírita Evangélica. (Resposta de Martha Gallego Thomaz extraída do texto "Vó Martha: uma Vida Dedicada ao Espiritismo", de Miriam Damasceno Gomes, publicado em *O Trevo* nº 331, de maio de 2002)

44 — Que cuidados dirigentes e expositores devem tomar?

R — Os dirigentes e os expositores devem ficar sempre vigilantes para não deixar que a aparência se sobreponha à essência. O próprio termo "Escola" tem de ser compreendido com profundidade. Não é simplesmente um prédio, mas ponto de encontro para a espiritualização. A aula não é só o texto dos livros-referência, mas a descoberta de sentimentos que as informações podem provocar. (Resposta extraída do texto "1º Seminário 96: Escola de Aprendizes", publicado em *O Trevo* nº 260, de fevereiro de 1996)

45 — Aconselhada por uma amiga, fiz o curso da Escola de Evangelho com muito boa vontade, não perdi aula, mas não terminei, porque as exigências eram demais e meu marido também desistiu de frequentar, quando viu que eu desisti. Por que não abrandam mais, para a gente frequentar melhor?

R — O rigor da Escola é a garantia do aproveitamento do aprendizado e a facilitação para aumentar o número de aprovados é medida contrária e oposta à própria **finalidade da Escola** que **é preparar trabalhadores evangelizados para o serviço do Divino Mestre na Terra**.

Quem não efetua os esforços de Reforma Íntima não tem qualidade para o trabalho em vista, pois que a investidura de discípulo obriga o aprendiz a viver mais para os semelhantes que para si mesmo.

Medite melhor e tente de novo. (Resposta extraída da coluna "Esclarecendo", de Edgard Armond, publicada em *O Trevo* nº 15, de maio de 1975)

46 — Como tratar a questão do amor sem resvalar para o pieguismo?

R — Na vida espiritual, diz o Instrutor, o amor é a luz ambiente natural e ao Espírito que se evangeliza esse ambiente se abre para acolhe-lo carinhosamente, na medida justa das afinidades vibratórias essenciais e do quanto sirva ao Divino Mestre com desprendimento e sinceridade.

"Quando souberes amar, acrescenta, sereis dignos da vida nas esferas espirituais superiores, onde o amor é a luz circundante."

Como Espíritos ainda em precárias condições evolutivas, participamos da criação divina em mundos baixos, mas beneficiamo-nos dessa imensa energia imanente no cosmo, que age vitalizando os seres e impulsionando sua movimentação.

Dessa força criativa fundamental podemos nos utilizar desde já farta e confiadamente em nossos labores evolutivos, neste planeta ou em quaisquer outros onde vivermos, porque o mundo fenomenal existe como palco para as manifestações da vida, das partículas inteligentes e tudo lhes é dado pelo Criador para evoluírem dentro das leis universais preexistentes[2]. (Resposta de Edgard Armond, extraída do tópico "Influência do Amor", do texto "O Valor das Mensagens", contido na coletânea *Falando ao Coração*)

47 — Como aplicar a máxima "amar ao próximo como a si mesmo?"

R — Amar ao próximo como a si mesmo é um ponto alto na evolução de qualquer ser humano. É maturidade espiritual, sinal certo de positiva evangelização.

Não tem valor o amor simplesmente teórico, superficial, aparente, que não aguenta a prova de "sacrificar-se pelo próximo e esquecer desde logo o sacrifício"; tratar com bondade os desafetos e inimi-

[2] Para aprofundar este assunto, favor consultar o texto "Regras do Amor Verdadeiro", do texto "Libertação Espiritual", contido na coletânea *O Livre-Arbítrio* de Edgard Armond, Editora Aliança.

gos e esquecer logo o bem que lhes fazemos. (Resposta de Edgard Armond, extraída do tópico 24 do opúsculo "Comentando Pensamentos Construtivos", incluído no volume *Falando ao Coração*)

48 — Como identificar a humildade em nós?
R — Uma das virtudes mais cultivadas pelos homens evangelizados é a humildade, cuja posse prova que o indivíduo já evoluiu a ponto de não reagir mais, impulsiva ou violentamente, às hostilizações naturais do mundo ambiente; o sentimento predominante entre eles é a bondade — o amor — em todas as suas formas e circunstâncias. (Resposta de Edgard Armond, extraída do texto 9 "Virtudes Cristãs", do livro *Na Semeadura I*)

d) Objetivos

49 — O que se pretende com a Escola?
R — É este o grande ideal daqueles que lutam pela difusão das Escolas de Aprendizes do Evangelho: reviver o Cristianismo puro — acender em cada coração o amor a Jesus, fazendo que este amor se transforme em vivência e exemplificação.

Cada aprendiz da Escola de Evangelho propõe-se a transformar o homem velho, defeituoso, comodista, egoísta e cheio de exigências — no homem novo, humilde, amoroso, cheio de brandura; naquele que nada exige de ninguém, mas exige tudo de si mesmo; o homem novo não procura aparecer — esconde-se na legítima caridade; fala pouco e não faz alarde; possui uma alegria tranquila e uma paz que nada perturba porque ele, o homem novo, ouviu o que Jesus disse e gravou muito bem em seu coração as palavras do Mestre: "Não se turbe o vosso coração; crede em Deus e crede em Mim também. (Resposta extraída do texto "Notícias das Escolas de Aprendizes do Evangelho na 'Seara Bendita'", de Tirzah Riether, publicado em *O Trevo* nº 1, de novembro de 1973)

50 — Qual a finalidade da EAE?

R — Estudar a Doutrina em todos os seus aspectos, aprofundando-se nos ensinamentos evangélicos. Esclarecer-se e engrandecer-se como Espírito.

No campo interno: organizar um quadro-programa de virtudes e defeitos, balanço moral íntimo. Conhecer-se. Estabelecer normas para o árduo e dignificante trabalho da reforma moral.

Iniciar a fase da exemplificação evangélica, onde deve preponderar o trabalhador de boa vontade, consciente, humilde e disciplinado.

A importância do trabalho coletivo, já que o esforço isolado, embora sincero, nem sempre basta e nem sempre corresponde às necessidades gerais. (Resposta extraída do texto "As Origens da Escola de Aprendizes", item "Histórico e Programa", publicado em *O Trevo* nº 135, de maio de 1985).

51 — Qual a meta da Iniciação Espírita?

R — Reformar-se e instruir-se para depois, como discípulo, ajudar seus semelhantes a se evangelizarem e se redimirem, eis a meta decisiva desta iniciação espírita, a que todos os aprendizes obedecem, por amor ao Cristo e ao mundo, que é a arena imensa de sua tarefa nobilitante. (Resposta de Edgard Armond, extraída do texto 76 "Novos Métodos de Ação", do livro *Enquanto é Tempo*)

52 — Qual deve ser o objetivo da aula inaugural da EAE?

R — A aula inaugural da EAE deve abordar os objetivos da Escola, dando ênfase para o aspecto da Reforma Íntima, deixando-se claro que não se trata de um mero curso acadêmico de informação, mas um ponto de partida para a renovação moral. (Resposta extraída do texto "As Origens da Escola de Aprendizes", publicado em *O Trevo* nº 135, de maio de 1985)

53 — O objetivo da Escola é formar trabalhadores para o Centro Espírita?

R — Não, contudo, "desde que terminou a preparação na Escola de Aprendizes do Evangelho e ingressou na Fraternidade, o discípulo deve decidir se vai trabalhar isoladamente, ou integrado a alguma Casa Espírita, já de antemão conhecida, caso em que se aproveitará dessa organização para desenvolver ali seu trabalho de assistência aos necessitados, nada mais tendo de projetar, neste primeiro passo, senão respeitar os programas da Casa". (Resposta de Edgard Armond, extraída do capítulo 8 do *Guia do Discípulo*)

54 — Como citar o conhecimento doutrinário entre os objetivos da Escola?

R — Os dirigentes devem ainda destacar que o conhecimento doutrinário constitui-se em poderoso auxiliar neste empreendimento da Reforma Íntima, mas não é o objetivo central do programa. Mais que os recursos do cérebro, deverão ser mobilizados os do coração, tornando seus objetivos atingíveis para todas as classes sociais e todos os níveis de instrução. Devem também se igualar a todos, esclarecendo que o papel do dirigente é simplesmente o de acompanhar a turma e assegurar a execução do programa, segundo o planejamento estabelecido, dando apoio quando surgirem dificuldades e dúvidas.

Importante ainda lembrar que as aulas do programa, constantes da apostila e apresentadas pelos expositores, na verdade constituem-se em pontos de referência para auxiliar o processo de transformação íntima (Reforma Íntima). Cabe ao aluno fazer a sua parte, lendo as apostilas e estudando subsídios correlatos.

E ainda acrescentamos o fato de que as aulas introduzidas no programa a partir de 1988 (Vida Plena, Vícios e Defeitos, Preconceitos etc...) vieram contribuir para ampliar os recursos para a prática da auto-análise e da reformulação de sentimentos. (Resposta extraída do texto "Conceitos sobre a Escola de Aprendizes do Evangelho", publicado em *O Trevo* nº 253, de julho de 1995)

55 — Quais os benefícios que a EAE pode proporcionar aos participantes, diante dos sofrimentos do momento?

R — Busca por espiritualização. Ligação entre ciência e religião. Reforma Íntima. Vivenciar o Evangelho de Jesus. Amor, perdão e redenção. Adestrar forças sem temer represálias. A Escola de Aprendizes permite compreender a atualidade e fortalecer a exemplificação do Evangelho de Jesus. (Resposta extraída do texto "Seminário: Escola de Aprendizes do Evangelho", publicado em *O Trevo* nº 300, de junho de 1999)

❖

Reflexão mais ampla do porquê do sofrimento:

• Fé raciocinada, estruturação interior, conhecimento de Deus, vivência do Evangelho.

• Compreensão, consolo e esperança através da conscientização.

• Através do autoconhecimento, ter a perspectiva de um mundo melhor, dependendo da melhora de cada um.

• Compreensão, aceitação e conhecimento das leis divinas.

• Através do conhecimento das causas dos sofrimentos, do despertamento das virtudes, se consegue encontrar esperanças e condições de encarar as dificuldades pelo enfoque da Reforma Íntima.

• (Resposta extraída do texto "A Escola de Aprendizes na Atualidade", publicado em *O Trevo* nº 299, de maio de 1999)

56 — É, ou não é, importante que se institua nos Centros, Escolas de Médiuns e de Evangelho?

R — Tais escolas são de absoluta e indiscutível conveniência e mesmo urgente necessidade. Com elas, há 25 anos, a partir de 1947, foi mudado finalmente o melancólico panorama do movimento Espírita em nosso país; agora se projeta com mais dignidade, prestígio e autoridade doutrinária não somente em solo brasileiro, mas também no exterior, o que é, aliás, reconhecido unanimemente pelos confrades que já se libertaram das amarras de um ortodoxismo exagerado e, às vezes, mesmo doentio.

Estaríamos atualmente relegados à condição de seita sem expressão, se não fora a reação iniciada naquela data, visando colocar o Espiritismo em seu devido lugar, de Doutrina de elevada condição cultural e religiosa em nosso país. (Resposta de Edgard Armond, extraída de tópico do capítulo I, "Esclarecendo Aspectos Doutrinários", no livro "Edgard Armond, *um Trabalhador da Seara Espírita*", de Ismael Armond)

57 — A Escola não tem como se tornar um curso de viés acadêmico?

R — Nesta Escola, devem ser respeitados e considerados os processos adotados de início para a efetivação da Reforma Íntima obrigatória, fugindo o mais possível do academicismo do ensino que, quando exagerado, deturpa e prejudica essas finalidades iniciais. (Resposta extraída do capítulo 5 do *Guia do Discípulo*, de Edgard Armond, 2ª edição, Editora Aliança)

58 — Qual é a prioridade de ensino na Escola de Aprendizes?

R — Nas Escolas de Aprendizes do Evangelho o que se deve, desde as primeiras aulas, ensinar aos alunos, é a necessidade do desinteresse, o desprendimento pessoal em relação às coisas efêmeras do mundo material e, contrariamente, o devotamento às formas de vida concordantes com as leis de Deus, que o Evangelho aponta com clareza meridiana. (Resposta de Edgard Armond extraída do texto "Escola de Aprendizes do Evangelho", publicado em "Aos Aprendizes", de 1976, incluído no volume *Falando ao Coração*[3])

[3] Recomenda-se o estudo cuidadoso do capítulo 5, "Bases e Desenvolvimento da Preparação", do opúsculo "O Valor das Mensagens", também contido no volume *Falando ao Coração*.

59 — Com isso, o estudo não fica em segundo plano?

R — Ocioso será dizer que, ao se dar pessoalmente preferência à vivência do Espiritismo religioso, não significa que se exclui a necessidade do aculturamento doutrinário e do enriquecimento intelectual dos adeptos em todos os sentidos.

Por isso mesmo, nas Escolas de Aprendizes do Evangelho, as inscrições são dadas preferentemente àqueles que possuem um mínimo de conhecimentos doutrinários, à falta dos quais os candidatos são matriculados em cursos básicos de Doutrina, de caráter preliminar e de curta duração.

Mas também é certo que esse aculturamento não deve ser exclusivista, com afastamento fanático de conhecimentos das demais religiões e doutrinas conhecidas, porque o Espiritismo não é um ponto de chegada do conhecimento espiritual, nem do progresso do Espírito, mas sim um estágio, já bem avançado, desse conhecimento e desse progresso que, entretanto, somente subsistirá se houver, da parte do ádvena, um mínimo de respeito ao próximo e desejo sincero e efetivo de transformar-se moralmente. (Resposta extraída do texto 27 "Aculturamento Doutrinário", do livro *Na Semeadura II*, de Edgard Armond)

60 — O que os alunos buscam na Escola?

R — Para auxiliar os que desejam evoluir mais rápida e seguramente, criou-se na Federação Espírita do São Paulo a Escola de Aprendizes do Evangelho, em 1950. Nessa escola logo nos primeiros dias indaga-se do candidato que se inscreve, por que veio: a) por simples curiosidade? Neste caso dificilmente encontrará o que deseja e sofrerá desilusões; b) por inspiração momentânea? É de crer então que haja merecido a interferência espiritual de algum amigo interessado no seu adiantamento; c) mas se o fez por si mesmo, deliberadamente, por decisão consciente e firme, então é porque já amadureceu o que baste para compreender que era urgente a medida, para o seu adiantamento espiritual.

Mas, seja como for que tenha vindo, é sempre fraternalmente acolhido e as portas se abrem para ele, porque "quem procura encontra" e, neste caso, pode-se afirmar que um lutador a mais ingressou nas legiões numerosas que, na Terra, defendem os ensinamentos de Jesus, batem-se pelo triunfo do seu Evangelho e pela evolução espiritual do mundo porque, terminado o aprendizado, estará ele preparado para as atividades exigidas no campo coletivo, apto aos testemunhos e sacrifícios que virão em seguida.

Mas, em todos os casos, o candidato deve, primeiramente, devotar-se a essa autopreparação e isso poderá fazê-lo em escolas desse tipo, que se estão criando por toda parte.

Turmas numerosas e sucessivas de aprendizes têm-no feito e já se lançaram à luta no campo exterior das atividades, como discípulos aptos a compartilhar na grande batalha espiritual; e não há exagero nem misticismo excessivo nestas frases e modos de encarar o assunto, porque a realidade é exatamente essa.

Nesse sentido, o problema mais urgente é sempre e primeiramente a evangelização, visando a redenção espiritual, orientando os candidatos a desenvolverem em si mesmos, cada vez mais objetivamente, o amor aos semelhantes, servir sem restrições, com humildade e desprendimento, porque, fora disso, não há possibilidade de êxito; e somente assim poderá o aprendiz cooperar na difusão de uma doutrina como o Espiritismo, que tem o amor como fundamento e representa na Terra o Consolador prometido por Jesus. E deve fazê-lo sem pensar em recompensas, porque, se mérito realmente há, num comportamento desses, o primeiro e maior interessado é ele mesmo. (Resposta extraída do texto 64 "Esforço de Preparação", do livro *Na Semeadura I*, de Edgard Armond)

61 — Existe alguma sugestão sobre como conduzir a aula inaugural?

R — É de responsabilidade dos dirigentes das turmas apresentar os objetivos do programa com clareza, logo de início. É possível, com palavras simples e exemplos claros, dizer que a mensagem do Cristianismo e a do Espiritismo, como de diversas outras religiões e filosofias, situa a chave para a felicidade do indivíduo em si próprio. E que, para conquistá-la, constituem condições necessárias o autoconhecimento e o aperfeiçoamento moral. Também é importante deixar claro que esse processo denominado Reforma Íntima, pode ser realizado com método e ferramentas apropriados, aproveitando a programação de um curso, no caso o da Escola de Aprendizes do Evangelho, para exercícios individuais e coletivos que auxiliem o autoconhecimento e o aperfeiçoamento da moral evangélica em si mesmo. (Resposta extraída do texto "Conceitos sobre a Escola de Aprendizes do Evangelho", item "Objetivos da Escola", publicado em *O Trevo* nº 253, de julho de 1995)

62 — Como a Escola de Aprendizes do Evangelho pode sensibilizar o ser humano na necessidade de renovação íntima?

R — Embasa-se no processo de autoconhecimento, na reformulação do indivíduo pelo aperfeiçoamento via conhecimento e aplicação do Evangelho de Jesus. Os homens devem ser como as árvores. Com os pés no chão e a copa voltada para o céu. (Resposta extraída do texto "Seminário: Escola de Aprendizes do Evangelho", publicado em *O Trevo* nº 300, de junho de 1999)

63 — Como definir a Reforma Íntima?

R — Reforma íntima é o esforço que o adepto faz para se libertar de seus defeitos e vícios, purificar seus sentimentos, desenvolver conhecimentos sobre a vida espiritual verdadeira e lançar-se à luta na arena do mundo, testemunhando, como discípulo, os ensinamentos redentores, legados à humanidade por Jesus, o Messias Planetário. (Resposta de Edgard Armond, extraída do texto 192 "Enfrentar Realidades", do livro *Na Semeadura I*)

É como se a gente fosse colocar ordem numa casa velha e bagunçada.

Vamos jogar fora o que não presta, mudar móveis de posição; algumas coisas vamos colocar de lado, em desuso, outras, vamos passar a usar mais.

Assim, fazemos conosco. Deixamos de lado atitudes desfavoráveis, substituímos por virtudes que já existem em nós, mas estavam encostadas. Enfim, vamos dar um aspecto novo e positivo ao nosso ser.

Essa mudança toda requer muito trabalho, muito esforço e muita vontade; mas com isso estaremos, sem dúvida nenhuma, escolhendo um caminho bem mais agradável e suave para evoluirmos espiritualmente. (Resposta extraída do texto "O que Vem a Ser Reforma Íntima", de Doraci G. Marin de Souza, publicado em *O Trevo* nº 117, de novembro de 1983)

64 — Qual deve ser o procedimento de uma pessoa comprometida com a proposta de Reforma Íntima?

R — No esforço da Reforma Íntima e, após isso, nas testemunhações da vida comum, os aprendizes e adeptos em geral, devem evitar contaminações, não com fanatismo místico, mas com sentido racional e analítico, como ensina o Espiritismo: reprimir idéias, pensamentos e impulsos de baixa condição, companhias inferiores e comentários de sentido negativo e pernicioso.

Estes são elementos de vibração inferior, dissociativa, que se gravam no subconsciente, mancham o perispírito e retardam a espiritualização.

Mantendo o ritmo ascensional, indispensável à consolidação de sua formação evangélica, chegarão, para todos, momentos em que lhes serão revelados conhecimentos de suas vidas passadas que determinaram as provas atuais, **sobretudo na parte em que mostram as transgressões que motivaram as provações e inferioridades da vida presente** e como elas podem ser atenuadas pelos esforços que estão sendo realizados agora.

Isto imporá respeito às leis divinas, coragem para prosseguir no caminho justo, e segurança sobre as conquistas que farão no futuro e que dependem unicamente da conduta certa e da obediência rigorosa às leis de Deus. (Resposta extraída do texto 110 "Contaminações", no livro *Na Semeadura I*, de Edgard Armond)

65 — Decidi entrar para a Escola do Evangelho e um amigo emprestou-me o 1º volume do ensino, mas não vi nada da Codificação de Kardec e há também exigências de eliminação de vícios como o fumo. Por que tanto? É obrigatório isso?

R — Essa Escola não foi criada para estudo da Doutrina Espírita, que é feito em cursos apropriados, fora dela, ou em leituras particulares; mas sim para auxiliar os aprendizes a realizarem sua reforma interna, sendo, por isso, obrigatória a vivência do Evangelho de Jesus e não somente seu conhecimento teórico.

Não há obrigação alguma de os espíritas entrarem para essa Escola a não ser aqueles que desejam aperfeiçoar e apressar sua evolução, dando neste mundo testemunho e exemplificação do que o Evangelho exige. Esta é a razão porque precisam eliminar os vícios, pois, se não o fizerem, não terão força moral para essa testemunhação.

A matéria que consta da parte de conhecimentos teóricos que estão publicados na série de livros, da qual o confrade examinou o nº 1, visa dar conhecimento da tradição religiosa do mundo, conhecimento da natureza, da origem e do fim do Espírito encarnado, tudo aquilo que se refere ao aprendiz como Espírito encarnado e aos seus semelhantes, encarnados na Terra desde os tempos chamados pré-históricos até hoje.

Quem não deseja fazer sua purificação espiritual pela Reforma Íntima e dedicar-se ao serviço do próximo não se matricula ali e pode agir por si mesmo, fora dela, escolhendo os setores da Doutrina (filosófica ou científica) que mais lhe agrada. Mas é bom saber que sem evangelização o progresso espiritual não se efetiva, porque ela é que assegura a redenção humana. (Resposta extraída da coluna

"Esclarecendo", de Edgard Armond, publicada em *O Trevo* nº 8, de outubro de 1974)

66 — Como o dirigente deve reagir ante a evasão de alunos?

R — Não permitir que o seu relacionamento com o aluno sofra influências da natural evasão de alunos. Ter em mente sempre que as classes começam com muitos interessados, mas que, poucos acabam permanecendo. Se o dirigente ficar impressionado com a evasão, corre o risco de afrouxar a disciplina para "segurar" a classe e, dessa forma, distorcer a finalidade da Escola. (Resposta extraída do texto "Reunião de Dirigentes", publicado em *O Trevo* nº 118, de dezembro de 1983)

67 — Para que a EAE se mantenha fiel à sua finalidade maior, é necessário mudar algo em sua estrutura ou na postura do dirigente e do expositor?

- R — É desejável detalhar mais algumas aulas da EAE.
- Acentuar a sintonia e a integração entre o dirigente e o expositor.
- Aperfeiçoamento na formação de dirigentes, secretários e expositores da EAE, que devem se manter em permanente reciclagem.
- Manter o zelo pela disciplina e pelo respeito à Doutrina.

(Resposta extraída do texto "A Escola de Aprendizes na Atualidade", publicado em *O Trevo* nº 299, de maio de 1999)

68 — O ingresso na FDJ pode ser entendido como o fim da EAE?

R — A FDJ não é o fim do curso, não é uma colação de grau. É o começo de grandes testemunhações, de grandes obras no plano coletivo. O discípulo está sempre auto-avaliando-se para melhorar seu desempenho e jamais se deixar envolver pelo melindre. É aquele que se humilha para servir, que reconhece nada valer por si mesmo: todo o mérito vem das oportunidades que Jesus lhe oferece de trabalhar em favor do semelhante. (Resposta extraída do texto "As Origens da Escola de Aprendizes", publicado em *O Trevo* nº 135, de maio de 1985).

e) Estrutura

69 — Comandante Edgard Armond, dentro das necessidades de hoje, com os recursos da imagem e do som, com as dificuldades de tempo e espaço, com a vertiginosa velocidade que tudo se desenvolve, como o senhor estruturaria uma nova Escola de Aprendizes do Evangelho a ser difundida no mundo?

R — Cada trabalhador recebe das mãos do Mestre as tarefas que lhe são distribuídas e por elas responde. A realização proposta deve caber a tarefeiros mais jovens, inteligentes, capazes, fisicamente fortes e, sobretudo, idealistas, para realizá-la.

O que porém neste caso, recomendaríamos é que se apressem, porque o tempo urge, tem sido muito malbaratado e as forças desagregadoras do mal não o perdem e se infiltram nos redutos aparentemente mais resguardados, quando desmerecem a cobertura espiritual elevada e pura.

Coube-nos, na devida oportunidade, a realização que foi efetivada e, apesar da velocidade dos acontecimentos atuais que obriga a readaptações constantes, continuamos a crer que um sistema estritamente tecnológico não oferece bons resultados no campo das atividades essencialmente religiosas que visam o bem universal.

O êxito de um escola deste tipo não se subordina a teorizações e sofisticações da moderna ciência materialista, enquanto que satisfazem-se muito bem os aprendizes com a preparação que a Escola oferece para amadurecimento e expansão de sentimentos e ideal evangélicos, com base no amor aos semelhantes; isso requer estímulos espirituais que só uma ideologia de fortes raízes morais e psíquicas pode proporcionar. O desenvolvimento espiritual da alma humana, neste estágio, repetimos, é do sentido essencialmente religioso e não intelectual.

O desenvolvimento do intelecto humano é fruto da evolução, mas quando bloqueia ou se sobrepõe aos valores legítimos inerentes ao Espírito, torna-se indesejável e pernicioso; e desse intelectualismo frio e cerebral (repetindo refrão popular) o "inferno" está forrado e só se livram dele aqueles, melhor inspirados, que em tempo se voltam para as realizações eternas do campo evangélico. (Pergunta do dr. Ney ao Cte. Edgard Armond, publicada em *O Trevo* nº 1, novembro de1973)

70 — Um dirigente de turma da Escola de Aprendizes pode ser médium de intercâmbio espiritual da própria turma que dirige?

R — O intercâmbio deve ser feito por médium que tenha serenidade e fidelidade ao pensamento do Espírito comunicante, isto é importante. Pode ser o dirigente da turma, desde que reúna tais condições. (Resposta extraída da coluna "Esclarecendo", publicada em *O Trevo* nº 110, de abril de 1983)

71 — Qual a postura ideal do expositor?

R — Como é conveniente aos expositores, sempre injetarem ânimo, coragem, expectativa positiva de futuro: mostrar para a turma que querer é poder e, assim, que tudo é possível àquele que crê... Deve sempre estudar e se atualizar. (Resposta extraída do texto "Escola de Aprendizes do Evangelho e Independência", publicado em *O Trevo* nº 299, de maio de 1999)

72 — Como compreender e aplicar a disciplina de horário?

R — Horário e cronograma devem ser respeitados com severidade.

Respeitar o tempo destinado a avisos, à exposição do tema, tempo de aula, vibrações etc.

Não permitir a entrada de retardatários e fazer sempre a abertura da aula com um tempo livre de 15 minutos, para que os companheiros possam conversar construtivamente e trocar idéias sobre a escola e os trabalhos. Por exemplo: se a aula começa efetivamente às 16 horas, divulgar que seu início se dá às 15h45, para 15 minutos de tolerância consentida. (Resposta extraída do texto "Reunião de Dirigentes", publicado em *O Trevo* nº 118, de dezembro de 1983)

73 — A aula pode começar com atraso?

R — A aula deve começar exatamente no horário previsto, quando deve ser fechada a porta da sala. A preparação do ambiente é feita com muito cuidado, sem pressa. (Resposta extraída do texto "As Origens da Escola de Aprendizes", publicado em *O Trevo* nº 135, de maio de 1985)

"Disciplinando o horário, vamos fazer tudo bem feito na hora certa. Não fosse isso, o Emmanuel não teria exigido do Chico (Xavier) três vezes disciplina." (Extraído de depoimento de Martha Gallego Thomaz no texto "Edgard Armond, 105 Anos de Nascimento", publicado em *O Trevo* nº 300, de junho de 1999)

74 — Como distribuir o tempo da aula?

R — Deve-se respeitar o tempo para os avisos, as leituras de tema por parte dos alunos e do expositor da aula, que deve girar em torno de 40-45 minutos. O tempo total de uma aula é de uma hora e meia. As aulas de complementação (AC) são de caráter obrigatório, contando-se presença.

O dirigente deve seguir o programa da EAE que está publicado no "Vivência". O dirigente deve ser brando e enérgico, funcionando como um facilitador do crescimento espiritual dos alunos e não um estimulador de melindres e infantilidades. (Resposta extraída do texto "As Origens da Escola de Aprendizes", publicado em *O Trevo* nº 135, de maio de 1985)

75 — Como conduzir a questão do trabalho?

R — O papel do dirigente deve limitar-se a induzir o aluno ao trabalho, sem forçá-lo a participar dessa ou aquela atividade. Uma vez despertada a necessidade de servir, o dirigente poderá orientar o trabalhador nos campos em relação aos quais ele tem mais interesse. (Resposta extraída do texto "Reunião de Dirigentes", publicado em *O Trevo* nº 118, de dezembro de 1983)

76 — Como cultivar o ambiente místico?

R — O misticismo deve ser cultivado através de atitudes serenas, músicas de fundo, iluminação adequada e, sobretudo, um anseio de alcançar esferas mais elevadas. Misticismo não é viver fora deste mundo: é viver neste mundo, com os olhos voltados para um mundo melhor. (Resposta extraída do texto "Reunião de Dirigentes", publicado em *O Trevo* nº 118, de dezembro de 1983)

f) O Dirigente de Turma

77 — Como definir o dirigente?

R — Alguém com amplos conhecimentos doutrinários deve ser o primeiro entre "iguais" na turma, sendo exemplo de que a prática de Amor e disciplina se realizam na prática. "Atividade sem amor conta como hora negativa", afirmou o Espírito Simão. O dirigente cresce com o grupo, aprende com os componentes daquela comunidade. Quanto mais avança, mais se aproxima das pessoas. (Resposta extraída do texto "Reciclagem EAE: Programa, Caderneta, Expositor...", publicado em *O Trevo* nº 309, de março de 2000)

78 — Quais os requisitos para ser dirigente de Escola?

R — ... para esse cargo de dirigente a experiência aconselha a indicação de quem já tenha sido aprendiz, servidor e discípulo, formou na vivência exterior sua mentalidade evangélica própria ou, no mínimo, tenha preferências para o Espiritismo religioso, julgando-se capacitado a interpretar as necessidades integrais da formação, fugindo aos aspectos mais superficiais e teóricos. (Resposta extraída do capítulo 4 do *Guia do Discípulo*, de Edgard Armond)

79 — Qual deve ser a postura do dirigente?

R — O dirigente de uma turma da Escola de Aprendizes do Evangelho que não tiver claro, em si mesmo, o conceito da EAE, é um elemento dificultador do processo para todos. Ele deve participar, e não interferir. Se o dirigente tomar o papel de líder, os outros o projetam como alvo a ser seguido, limitando completamente o potencial de transformação moral que cada um tem.

Aqueles dirigentes que se colocam como "paizões", "mãezonas", ou "irmãos mais velhos" da turma são dirigentes fracassados e, o pior de tudo, não conscientes desse fracasso.

Não se exige do dirigente, qualidades sobre-humanas. Estas poderiam ser resumidas nos básicos deveres de cidadania: respeito ao próximo, ao horário, ao grupo, à disciplina, delicadeza no trato, nobreza de caráter etc.

A turma de Escola de Aprendizes do Evangelho se desenvolve por si, como consequência de um processo invisível. Não é o dirigente que vai conduzindo. À medida que o programa avança, o dirigente vai se apagando, participando de maneira cada vez menos diferenciada. A direção não está centralizada no dirigente, e, sim, no próprio grupo, que possui vida própria.

Exemplificando: se a turma está "navegando" numa certa direção, levando a aula para conclusões profundas e íntimas de renovação moral, e alguém no grupo começa a falar de futebol, naturalmente o próprio grupo reage. Se o dirigente se antecipar, intervindo, ele tolherá o mecanismo natural de defesa do grupo.

Dali pra frente, todos vão esperar a intervenção do dirigente, criando mecanismos de dependência, e o dirigente se verá isolado num patamar de pseudoperfeição.

Naturalmente este é um processo progressivo. No começo, ninguém sabe muito bem para onde o programa vai, e o dirigente tem esse compromisso, por possuir a experiência de já ter passado pelo programa antes, como aluno. Então é natural a maior necessidade de intervenção no período inicial. Entretanto, esse processo de "apagamento da presença do dirigente" tem início e vai se ampliando com o passar do tempo. Há casos em que, nas turmas, cada um abraça as tarefas internas da Escola de Aprendizes do Evangelho (anotação de frequência, preparação do ambiente, preces, vibrações coletivas etc.) de tal modo que não se percebe mais quem é o dirigente.

Para meditarmos, aqui vai um conceito: "Grande líder é aquele cuja ausência ou presença não são percebidas, sendo tanto mais importante quanto menos se fizer sentir sua falta".

Outra analogia interessante vem da Química: os elementos catalisadores. Catalisador é todo elemento que acelera ou propicia uma reação química, sem participar diretamente da própria reação. Por exemplo, uma massa de chumbo colocada dentro de um recipiente de água oxigenada faz com que, numa reação muito rápida, uma parte do oxigênio se perca para a atmosfera, restando apenas água comum.

Entretanto, verifica-se que nenhum átomo do chumbo foi perdido ou recombinado. Apenas acontece que sua presença provoca a reação.

Sem ele, a reação aconteceria muito lentamente, de modo imperceptível, durando várias semanas. Com o catalisador, em segundos, tudo se consuma. Ele não entra na reação, mas sem ele tal reação não aconteceria desse modo tão significativo.

Analogamente, o dirigente deve ser um elemento catalisador. Há processos de transformação íntima que ocorrem intensamente durante a Escola de Aprendizes do Evangelho, todavia não é ele (dirigente), que provoca tal transformação. É o Amor de Jesus Cristo, a força que produz a transformação para o melhor — a Reforma Íntima para o melhor.

A presença discreta e humilde do dirigente da turma, consciente e perseverante, assegura que o programa se mantenha em sua direção ideal, não se desviando para academismos ou teorizações, dando lugar para que a renovação e a elevação espiritual aconteçam como consequência natural. (Resposta extraída do texto "Conceitos sobre a Escola de Aprendizes do Evangelho", publicado em *O Trevo* nº 253, de julho de 1995)

80 — Quais são as condições para um melhor trabalho dos dirigentes?

R — Já quanto à formação de dirigentes, os Grupos Integrados e as Regionais devem ser extremamente rigorosos. O Curso de Dirigentes deve ser exigente na preparação dos candidatos, impedindo o surgimento de dirigentes despreparados, sem perfil para a tarefa. Já se disse mais de uma vez que: a turma é o reflexo do dirigente. A direção do Centro Espírita deve escolher sempre o melhor. E o dirigente escolhido precisa aceitar e acreditar no programa que está abraçando.

Os dirigentes nunca devem esmorecer no compromisso de recolher as Cadernetas dos alunos a cada três meses, avaliando seu uso correto (verificar se o uso está voltado para a auto-análise: é impossível ao dirigente avaliar o grau de evolução moral).

Turmas menores são mais condizentes com a proposta vivencial da Escola, permitindo o contato mais próximo, "apalpar" corações, sentir e apoiar os alunos. Não se deve oferecer o ingresso na FDJ como um prêmio, e sim como uma proposta de vida. Os exercícios de Vida Plena devem tornar-se característica básica do programa da Escola. (Resposta extraída do texto "Terceiro Seminário da Aliança: o Ingresso na FDJ", publicado em *O Trevo* nº 240, de junho de 1994)

81 — Como as pessoas devem ser escolhidas ou convidadas para serem dirigentes de Escola? É melhor ter menos Escolas e mais cuidado na escolha ou quantidade é necessária na época de hoje?

R — Vou citar o exemplo do meu marido. Na época em que começamos a frequentar a Escola de Aprendizes da Federação, no segundo ano, o Comandante Armond colocou meu marido como estagiário (a dirigente) da turma. Fez isso, porque sentiu nele um potencial que desabrochava. Dois anos após terminar a escola, já havia se tornado dirigente. O Comandante viu nele potencial e desde o início preparou-o para exercer a tarefa. O estágio funciona como um filtro para que o melhor ou os melhores alunos desabrochem para serem dirigentes. O processo de conscientização acontece de forma espontânea e exercerá a função aquele que, além do preparo através dos estudos, assim o desejar. Veja que é de fácil solução o problema da formação de dirigentes de escolas. Basta haver sensibilidade por parte do dirigente da turma. Não se trata de mais ou menos escolas ou em função do momento em que vivemos, mas é lógico que quanto mais pessoas forem preparadas na doutrina, mais e mais nosso trabalho espiritual avançará. (Resposta de Martha Gallego Thomaz extraída do texto "Vó Martha: uma Vida Dedicada ao Espiritismo", de Miriam Damasceno Gomes, publicado em *O Trevo* nº 331, de maio de 2002)

82 — Até que ponto o dirigente "faz" a turma?

R — Podem-se também notar diferenças no aproveitamento e nos resultados do trabalho, que apontam e distinguem dirigentes e expositores pessoalmente, uns bem compenetrados das finalidades da Escola e outros mais distanciados, menos rigorosos e que, por isso mesmo, apresentam resultado menos perfeito do seu trabalho.

Porque o dirigente faz a turma e, numa escola como esta, ele deve ser, além de capacitado, o exemplo vivo de virtudes e o espelho no qual os alunos vêem os reflexos do que ensina. (Resposta extraída do capítulo 3 do *Guia do Discípulo*, de Edgard Armond)

A Reforma Íntima do aluno é quase que uma consequência da Reforma Íntima do dirigente. (Resposta extraída do texto "Reunião de Dirigentes", item "Quanto ao Dirigente", em *O Trevo* nº 118, de dezembro de 1983)

83 — O dirigente deve participar dos exercícios de Vida Plena?

R — Flávio defendeu que o dirigente também tem de participar dos exercícios de Vida Plena. "O dirigente é um aprendiz, um igual aos integrantes da turma", afirmou Jacques. "É terrível o aluno pensar que o dirigente é **especial**", disse Flávio. "Na EAE todos crescemos juntos", acrescentou Valdir. A Vida Plena se constitui numa experiência real, não em teses, em nenhum livro está escrito. Capaz de impulsionar a Reforma Íntima, fornece recursos para vários lançamentos na Caderneta Pessoal. (Resposta extraída do texto "Reciclagem sobre Escola de Aprendizes", publicado em *O Trevo* nº 322, de abril de 2001)

84 — Muitos alunos pensam que o dirigente nasceu "pronto". Como esclarecer esse assunto?

R — O dirigente deve ser sempre indutivo em relação ao aluno, jamais impositivo. Em outras palavras: através de seus exemplos induzir a turma ao estudo, ao trabalho e à Reforma Íntima. O dirigente deve trabalhar para eliminar a impressão de "superior", que, a princípio, o aluno acha que ele é. Deve estar sempre uma hora antes da aula no Centro, a fim de atender os alunos que precisam expor problemas e esclarecer dúvidas. (Resposta extraída do texto "Reunião de Dirigentes", item "Dirigente e Aluno", em *O Trevo* nº 118, de dezembro de 1983).

85 — Que qualidades um dirigente deve cultivar?

R — 1) capacidade de comunicação com os aprendizes e, consequentemente, formação de saudável sintonia entre todos;

2) boa integração nos conhecimentos doutrinários e sobretudo nas finalidades essenciais da Escola de Aprendizes do Evangelho, que devem estar sempre presentes;

3) vida limpa, inatacável, doméstica e social, para poder exemplificar a indispensável autoridade moral;

4) ser objetivo, ter facilidade de expressão verbal e experiência pessoal de Reforma Íntima, para servir de exemplo;

5) respeitar e fazer respeitar a conceituação doutrinária dos programas da Escola de Aprendizes do Evangelho, com prevalência da finalidade evangélica; e

6) sensibilidade didática para manter o interesse e a progressão do esforço da Reforma Íntima da turma que dirige, fugindo sempre à mecanização e à intelectualização do ensino.

Estas condições caracterizam o dirigente ideal e quando ele preenche todos estes requisitos, na ausência eventual do expositor da matéria do dia, a aula prossegue e atinge sua finalidade da mesma forma, porque a falta de um expositor deve ser preenchida pelo dirigente; ao passo que a falta de dirigente dificilmente poderá ser preenchida, devido aos laços de afetividade recíproca que se criam entre ele e os componentes da turma.

(Resposta extraída do capítulo 4 do *Guia do Discípulo*, de Edgard Armond)

86 — É correto o dirigente e o secretário saírem do recinto da aula no início do trabalho do expositor só retornando ao final da aula?

R — Não é o desejável. Dirigente e secretário também se beneficiam ao usufruir os ensinamentos das aulas. Pode haver circunstâncias excepcionais em que há necessidade de resolver alguma questão, não relacionada à aula, no período destinado ao expositor. Mesmo assim, devem zelar para estar na turma, participando durante todo o tempo.
(Resposta extraída da coluna "Esclarecendo", publicada em *O Trevo* nº 314, de agosto de 2000)

87 — Quais os principais riscos que o dirigente enfrenta ao assumir uma turma?

R — Por vezes ocorre uma condução inadequada das turmas de aprendizes, causada por uma visão estreita da EAE. Um exemplo é quando se assume que o objetivo deve ser o de formar trabalhadores para o Centro Espírita, ou ainda o de ampliar conhecimentos doutrinários. Tais visões são limitantes dos potenciais do programa.

Não há dúvida de que o aluno, com o passar do tempo, almeja servir ao próximo, bem como sente maior impulso para o estudo. Mas isto é uma consequência do processo de Reforma Íntima. O aprendiz deve sentir-se mais feliz em servir ao próximo e, para isso, o Centro Espírita oferece-lhe um excelente ambiente, organizado eficientemente para tanto.

Em sua consciência desperta o dever de preparar-se melhor para melhor servir ao próximo. Daí a importância do estudo, daí a excelência da prática da Caridade Pura. Entretanto, importa não confundir consequências com objetivos. A seara de trabalho cristão é o mundo!, é a Humanidade!, e não apenas o Centro Espírita! E os princípios espíritas não encerram toda a Verdade Absoluta, mas nela estão contidos. (Resposta extraída do texto "Conceitos sobre a Escola de Aprendizes do Evangelho", item "Limitações", publicado em *O Trevo* nº 253, de julho de 1995)

88 — O que o dirigente deve ter sempre em mente no relacionamento com os alunos?

R — Conscientizar-se de seu papel na turma, qual seja, o de motivador da classe para o estudo e a vivência cristãos. Sondar os sentimentos de cada aluno, a fim de sentir se está realmente querendo aprender algo diferente em termos de modificação íntima. Não se colocar na posição de pai, nem de mãe da classe: ser apenas um irmão, um igual oferecendo apoio para caminharem juntos.

Usar a severidade no momento certo...

Lembrar-se sempre do lema: Trabalho, Solidariedade e Tolerância.

Usar energia para com os deveres curriculares do aluno: caderneta pessoal, caderno de temas, caravanas de evangelização e auxílio, frequência às aulas etc. (Respostas extraídas do texto "Reunião de Dirigentes", item "Quanto ao Dirigente", publicado em *O Trevo* nº 118, de dezembro de 1983)

g) Condução

89 — A senhora participou da 3ª Turma da Escola de Aprendizes do Evangelho, dirigida pelo Comandante Armond, não foi? Como era?

R — Os princípios básicos que norteiam as escolas são os mesmos. O primeiro ano era dos aprendizes. No segundo ano formavam-se os servidores e finalmente, no terceiro ano, o aluno que preenchesse os requisitos necessários tornava-se discípulo de Jesus. Depois ingressava na Fraternidade. Encaminhavam-se os alunos para os trabalhos da Casa para se solidarizarem com os necessitados e aprenderem o significado do que é dar de si para o seu semelhante, seguindo os ensinamentos de Jesus. (Resposta de Martha Gallego Thomaz extraída do texto "Vó Martha: uma Vida Dedicada ao Espiritismo", de Miriam Damasceno Gomes, publicado em *O Trevo* nº 331, de maio de 2002)

90 — O que recomendar ao expositor?

R — Deve apresentar a aula, não fazer discurso. Utilizar técnicas de oratória, mas com participação do grupo, sendo um facilitador, proporcionando a oportunidade de as pessoas conversarem. A aula participativa é um sistema enriquecedor, em que todos compartilham experiências e conhecimento. Nesse contexto se desmistifica a idéia do "expositor acima das pessoas". Ele também está no processo de Reforma Íntima, também é um aprendiz. É uma pessoa de boa vontade que se dispõe a coordenar o tema de uma aula. Para o êxito dos objetivos, é necessário que o expositor leia, estude e pesquise muito, levantando assuntos pertinentes à aula que não constam da apostila. (Resposta extraída do texto "Reciclagem EAE: Programa, Caderneta, Expositor...", publicado em *O Trevo* nº 309, de março de 2000)

91 — Com qual antecedência a direção da turma deve chegar para a aula?

R — Dirigente e secretário da turma de EAE devem sempre chegar pelo menos meia hora antes do início da aula, para ter tempo de receber os alunos e com eles trocar idéias. Assim que os alunos vão chegando devem ser convidados para um recolhimento em silêncio, no aguardo do início da aula. (Resposta extraída do texto "As Origens da Escola de Aprendizes", publicado em *O Trevo* nº 135, de maio de 1985)

92 — Como lidar com a crescente exigência dos alunos?

R — Observa-se que o grau de exigência dos alunos em relação aos dirigentes e expositores vem aumentando, principalmente no campo intelectual. Num mundo em que as realizações materiais são cada vez mais valorizadas, a religiosidade passa por um crivo severo. O dirigente e o expositor devem realçar sempre o aspecto redentor da Escola, extraindo de cada aula as contribuições para o processo de Reforma Íntima e de vivência de sentimentos.

A postura do dirigente precisa acompanhar a necessidade da turma, mais crítica e informada, aprimorando a condução das aulas, temas, ferramentas do processo de Reforma Íntima. O dirigente vai contribuir para a espiritualização dos alunos se conseguir trazer a crítica para o campo da autocrítica, incentivando a reflexão interior e valorizando o sentimento.

Nesse campo, são imprescindíveis a ligação e a sintonia com os amigos espirituais que contribuem com o curso como mentores e alunos, além de outras atividades. A sustentação das turmas, por intermédio das Vibrações, também traz auxílio espiritual. (Resposta extraída do texto "1º Seminário 96: Escola de Aprendizes", item "Exigência dos Alunos", publicado em *O Trevo* nº 260, de fevereiro de 1996)

93 — O que enfatizar na aula de tema Introdução ao Processo de Reforma Íntima?

R — • a Reforma Íntima não deve ser imposta, mas sim trabalhada de dentro para fora;

• a pessoa tem de estar consciente desse processo de mudança interior;

• viver o Sermão do Monte;

• o dirigente da Escola não deve ser exemplo de virtudes; exemplo é Jesus;

• insegurança é falta de confiança no Pai;

• orar e vigiar.

(Do opúsculo "Mediunidade de Prova", contido no volume *Prática Mediúnica*, de Edgard Armond)

94 — Existe um roteiro para começar a atuar diante dos vícios e dos defeitos?

R — Na escala dos vícios começará pelo fumo, que, muito embora seja o mais simples e tolerável, causa prejuízos de vulto ao corpo físico, pelo qual o Espírito encarnado é responsável direto.

Nos defeitos, começará pela má conduta em relação aos semelhantes: os maus modos, a agressividade no falar e no agir, a rigidez no trato, as maneiras rudes, desabridas, a intemperança, a negligência, a impontualidade, o desprezo aos deveres da vida comum. (Resposta de Edgard Armond, extraída do capítulo 8 do livro *Guia do Aprendiz*)

95 — Por que se combate tanto o vício do fumo na Escola de Aprendizes?

R — Da higiene do corpo físico faz parte integrante a eliminação de vícios, inclusive do fumo, que, erroneamente, é julgado o menos nocivo. Mas essa nocividade é indiscutível, bastando verificar seus efeitos sobre o metabolismo geral.

A nicotina contrai os vasos sanguíneos, altera a pressão normal, com todo o cortejo de más consequências; dificulta o afluxo de sangue às camadas superiores do cérebro e, com isso, provoca, com o tempo e progressivamente, perda de memória e insensibilidade nas extremidades, por deficiência de irrigação; reduz o calibre das coronárias, e provoca sérios distúrbios, inclusive angina péctoris.

Nas mulheres os efeitos são ainda mais graves, porque elas têm extensa rede de vasos, devido à função geratriz. Além disso, os componentes do tabaco — amônia, tanino e ácidos — agravam as descargas menstruais, provocando inúmeras alterações nervosas.

Finalmente, o tabaco reduz, em todos os casos, o ritmo das ligações psicofísicas com o meio ambiente.

Agora que o vício se estende, devastadoramente, sobre homens e mulheres, em todo o mundo, imaginemos o que não será dos seres humanos no futuro, cujos organismos desde já se sobrecarregam com distúrbios, disfunções e perturbações psíquicas das mais diversas. Para se avaliar isso, basta saber que, já agora, a porcentagem de desequilibrados e retardados se eleva assustadoramente em quase todos os países, fazendo parelha com a degenerescência que vem do uso criminoso e mortífero dos entorpecentes e ainda pior, porque o fumo não é proibido, mas ampla e livremente usado. (Resposta extraída do texto 123 “Vício de Fumar — Efeitos Materiais”, do livro *Na Semeadura I*, de Edgard Armond)

96 — Para quais defeitos é necessário mais cuidado?

R — Os defeitos morais que, na iniciação dada nos templos egípcios, impediam a união verdadeira da alma humana com a Divindade, eram os seguintes: a avareza — a luxúria — a inveja — a ira — e a hipocrisia.

A avareza, porque prejudicava o desenvolvimento da virtude do desprendimento; a luxúria, porque a dominação sexual dificultava a libertação da alma das atrações da animalidade inferior; a inveja, porque abria caminho a inimizades e ressentimentos; a ira, porque facilmente levava aos impulsos do ódio e da agressividade; e a hipocrisia, porque alimentava a falsidade e a mentira, e destruía a confiança das pessoas umas nas outras.

Neste particular, após estes milênios passados, a situação não mudou muito e os homens de hoje são dominados pelos mesmos defeitos e não fazem muito empenho em ficar livres deles, muito embora o próprio Jesus tenha recomendado a necessidade das transformações morais dos homens, sem as quais não seriam dignos de penetrar no Seu Reino de amor e de paz eternos. (Resposta de Edgard Armond, extraída do texto "96 – Defeitos Morais", do livro *Na Semeadura II*)

97 — Como o aprendiz deve lidar com a maledicência?

R — Indispensável ao aprendiz é evitar a maledicência nas suas mais sutis modalidades. Não falar mal de ninguém, mesmo quando isso for justo, porque não devemos julgar ninguém, visto que todos vivemos e agimos dentro das leis pré-estabelecidas por Deus, que vigem para toda a criação e abrangem também o mal, porque o livre-arbítrio é uma dessas leis.

Precaver-se o mais possível contra a maledicência; não tomar parte em conversações nas quais se fala mal dos outros. Esta abstenção já é por si mesma uma forma disfarçada de amor.

Uma boa regra é, ao tomar qualquer decisão, ou praticar qualquer ato, indagar: isto prejudicará outras pessoas?

Esta regra é respeito e consideração pelos outros, uma forma também indireta de amor.

E há milhares delas à espera que as apliquemos... (Resposta de Edgard Armond, extraída do tópico 69 do texto "Comentando Pensamentos Construtivos", incluído no volume *Falando ao Coração*).

98 — Como tratar a questão da frequência na Escola?

R — Como não se trata de ensino teórico que permite consulta *à posteriori* a livros e apostilas, para recordar e completar ensinamentos recebidos em classe, mas sim de instruções que, na sequência do currículo, nem sempre se repetem, a assiduidade é indispensável, porque também demonstra o interesse, o devotamento do aprendiz ao esforço de melhoria.

Deve-se ainda considerar que a assiduidade permite ao aprendiz colaborar, *pari passu*, nos trabalhos práticos e em outras atividades escolares, indispensáveis à formação do caráter moral e ao burilamento do psiquismo. (Resposta de Edgard Armond, extraída do capítulo 6, “Apuração de Resultados”, no livro *Guia do Aprendiz*).

99 — Como definir o estágio probatório?

R — Após as 16 aulas de *O Livro dos Espíritos*, concluída a EAE, os alunos entram no estágio probatório de 90 dias mínimos. É aconselhável que nesse estágio o aluno esteja entregue a si mesmo, sem apoio do grupo, para testar-se melhor. Encerrado esse estágio, os alunos voltam para exame espiritual em nível de grupo integrado.

Quando retornam para esse exame, é recomendável que tomem conhecimento do “Compromisso do Discípulo” (que está na página 110 do livro *Vivência do Espiritismo Religioso*, 2ª edição). Depois de analisar esse “compromisso”, cada aluno dirá a si mesmo se tem condições de subscrevê-lo. Com esse compromisso, mais o resultado do exame espiritual (média mínima de 6 em Reforma Íntima, conforme a página 63 do “Vivência”), vai a caderneta pessoal do aluno para exame em nível de Aliança, visando seu ingresso na FDJ. (Resposta extraída do texto “As Origens da Escola de Aprendizes”, publicado em *O Trevo* nº 135, de maio de 1985)

h) Avaliação

100 — O que se leva em conta no exame da FDJ?

R — No exame de FDJ, o Plano Espiritual procura analisar se o aluno realmente vem desenvolvendo suas potencialidades, e não o volume de trabalho que vem executando. É possível que um aluno tenha condições de realizar muito mais, embora seja excelente trabalhador; contudo, se impôs limitações a si mesmo. Esse aluno pode ser barrado na FDJ, para desenvolver mais suas potencialidades. (Resposta extraída do texto "As Origens da Escola de Aprendizes", publicado em *O Trevo* nº 135, de maio de 1985)

101 — Como aferir o aproveitamento de uma turma?

R — Não se mede pela quantidade de alunos que se mantém na turma, e sim pelo engajamento deles nos diversos trabalhos que lhes são oferecidos. (Resposta extraída do texto "Seminários: Ambiente do Centro; EAE", publicado em *O Trevo* nº 299, de maio de 1999)

102 — Tendo terminado a Escola de Aprendizes com grande proveito, não compreendo quando vejo colegas meus voltarem aos vícios antigos e a vida irresponsável do que era antes. Que acontece? É favor explicar.

R — Duas palavras podem explicar isso: falta de sinceridade e de integração no esforço feito. O esforço feito não atingiu o próprio Espírito, permanecendo no campo unicamente intelectual.

Isso é inevitável nestes casos, porém não invalida a ação da Escola, nem sua capacidade de operar nos Espíritos as transformações morais, de sentido evangélico, produzidos pela Reforma Íntima, porque, se há alguns infelizes que degeneram e decaem após serem discípulos, a grande maioria deles permanece fiel aos ensinamentos e se conduz com grande segurança no caminho reto e justo das testemunhações dignificantes.

Se os primeiros citados não se deixaram penetrar do verdadeiro sentido espiritualizante da Escola, por não estarem ainda maduros para esforço deste tipo, outros muitos o estão, engrandecem suas vidas, apressam sua evolução, se redimem de seus passados e de suas imperfeições ainda existentes, libertando-se e promovendo-se para uma vida espiritual mais perfeita e mais alta.

Felizes aqueles que passam pelas provas em si mesmos e se projetam na vida espiritual como discípulos fiéis e sinceros do Divino Mestre; isso prova que são dignos do que conquistaram com suas próprias forças. (Resposta extraída do texto "Estudo de *O Livro dos Espíritos*", publicado em *O Trevo* nº 104, de outubro de 1982)

103 — Como transmitir os critérios de avaliação para os alunos?

R — O dirigente de turma não faz avaliação, não penetra na intimidade do aluno; precisa ter habilidade para saber se o aluno está lutando, se está esforçando-se por melhorar. (Resposta de Jacques Conchon, extraída do texto "Reunião de Dirigentes", publicado em *O Trevo* nº 118, de dezembro de 1983)

104 — Comandante Edgard Armond, o senhor admite a possibilidade de se controlar o aproveitamento dos aprendizes, no que diz respeito à Reforma Íntima, por testes psicológicos bem elaborados, ou por um roteiro de perguntas, de modo a facilitar a análise de quem deverá apurar os resultados, impessoalmente?

R — A Reforma Íntima, para ser efetiva e duradoura, é esforço próprio e espontâneo e os testes são meros elementos de apreciação de resultados, devendo, por isso, serem simples, claros, diretos e objetivos.

A preocupação maior deve ser possibilitar, de todas as formas, o desenvolvimento moral e a reforma dos aprendizes.

D'outra parte a evangelização ainda é aceita preferentemente pelos humildes ou sofredores, de precária ou média cultura, e os métodos a empregar devem ser os mais simples possíveis visando, mais que tudo, as realizações do coração e dos sentimentos.

Os quase dois mil anos que passaram do tempo de Jesus, não modificaram muito essa situação e, para os ricos e poderosos, os valores reais da vida, via de regra, se situam no mundo material.

Os líderes espíritas não podem fugir a esta realidade, pelo menos neste ciclo que já vai chegando ao fim, a não ser que levem a Doutrina para os setores mais cômodos e fáceis da filosofia e da ciência, o que seria o mesmo que fazê-la fracassar na sua transcendente tarefa de redenção humana.

O sistema adotado na Escola de Aprendizes inclui testes que devem ser transcritos nas cadernetas, para facilitar a comparação de situações anteriores e presentes, observando o aprendiz os êxitos e as falhas.

O teste sofisticado foge às realidades imediatas; se, duma parte facilita a análise dos apreciadores de resultados, não concorre, entretanto, vantajosamente, à formação do novo estado moral do aprendiz e ao desenvolvimento de virtudes, sobretudo a humildade, necessárias ao combate de vícios e defeitos morais.

Como, em sua maioria, os que se inscrevem são gente simples, a caderneta satisfaz mais que os testes psicológicos, algumas vezes de rebuscada interpretação, não lhes oferecendo também oportunidades a que vazem ali seus sentimentos e pensamentos; para estes a caderneta é mais afim e acessível, vale mais que as simples respostas, porque ela também representa para eles um objeto de estimação, repositório de agradáveis lembranças no futuro.

Inegavelmente que seu uso tem também efeitos psicológicos porque obriga a constantes introspecções nos recônditos anímicos.

Todavia não se pode proscrever estudos de outros sistemas, desde que desempenhem idênticas funções psicológicas, afetivas e consoladoras e atinjam os mesmos objetivos, com vantagens positivadas. Mas isso depende do tempo longo de experimentações.

Não cremos que um sistema à base de tecnologia ofereça iguais resultados, alimente atividades essencialmente religiosas e idealísticas, no sentido do amor aos semelhantes. (Pergunta do dr. Ney ao

Cte. Edgard Armond, publicada em *O Trevo* nº 1, novembro de1973)

105 — Quais os defeitos mais difíceis de eliminar?

R — Os que enfrentam a luta pelo aperfeiçoamento moral sabem que os defeitos mais difíceis de eliminar são o egoísmo e o orgulho, justamente por serem os que mais profundas raízes têm no metabolismo da vida animal.

O egoísmo, sobretudo, foi a força que permitiu a sobrevivência da espécie, em meio às circunstâncias adversas da vida primitiva do homem na Terra.

Portanto, defeitos como esses não devem ser combatidos com violência, mas com paciência, compreensão e inteligência. (Resposta de Edgard Armond, extraída do texto "142 – Combate a Defeitos", do livro *Na Semeadura I*)

106 — Como atribuir a importância do item trabalho na avaliação dos alunos?

R — Quanto ao item "trabalho", deve-se ter em mente que este conceito extrapola os limites das quatro paredes de um Centro Espírita. O exame de ingresso não pode ter tom inquisidor: "Você tem que trabalhar nos passes, ou dando aulas..." O trabalho pelo próximo não comporta limitações. Trabalho é compromisso periódico, desinteressado e dirigido à transformação do mundo pela ação do Bem, e muitas atividades enquadram-se neste conceito. O trabalho do discípulo de Jesus não tem que ser abundante, mas não pode ser um trabalho qualquer: qualidade acima da quantidade.

Mas cuidado para não nos fixarmos no trivial! Atenção e simpatia, no ambiente de trabalho profissional, são requisitos básicos a qualquer pessoa.

O trabalho organizado pode ter qualquer tamanho. Entretanto, a característica do trabalho do verdadeiro discípulo é que, não importa a sua dimensão, ele está sempre em crescimento. (Resposta extraída do texto "Terceiro Seminário da Aliança: o Ingresso na

FDJ", publicado em *O Trevo* nº 240, de junho de 1994)

107 — Como avaliar o dirigente?

R — O dirigente deve permanentemente auto-avaliar-se, fazendo, inclusive, sua caderneta pessoal e submetendo-se a avaliações periódicas do plano espiritual, como é feito com os alunos. (Resposta extraída do texto "Reunião de Dirigentes", publicado em *O Trevo* nº 118, de dezembro de 1983)

108 — Como apurar os resultados da Escola?

R — Seria por demais alongado discorrermos agora sobre o poder contagiante do exemplo, uma vez tratar-se de assunto do conhecimento de todos. Podemos então concluir imediatamente que quando alguém se reforma interiormente jamais o faz só, com ele vêm dezenas de pessoas, tocadas pela nobreza e espontaneidade dos seus atos. Através dos exemplos do aprendiz muitos chegarão a Jesus, assim como chegaram ao Mestre as centenas de curiosos que foram ver Lázaro após sua ressurreição. "Sereis como Lázaro..." é o que nos diz Emmanuel.

Logo, os efeitos da Escola não podem ser medidos pelo número de alunos inscritos. Saibamos tratar-se de algo que foge a qualquer estimativa — uma autêntica reação em cadeia que se alastra numa progressão geométrica de razão bastante elevada. (Resposta extraída do texto "Uma Conversa Bastante Franca'", de Jacques Conchon, publicado em *O Trevo* nº 1, de novembro de 1973)

109 — Qual virtude demonstra o êxito da evangelização?

R — Uma das virtudes mais cultivadas pelos homens evangelizados é a humildade, cuja posse prova que o indivíduo já evoluiu a ponto de não reagir mais, impulsiva ou violentamente, às ostilizações naturais do mundo ambiente; o sentimento predominante entre eles é a bondade — o amor — em todas as suas formas e circunstâncias. (Resposta extraída do texto 9 "Virtudes Cristãs", do livro

Na Semeadura I, de Edgard Armond)

3. A Escola de Aprendizes do Evangelho a Distância

110 — Como definir a Escola de Aprendizes a Distância?

R — Há poucos dias apressadamente nos encontramos com a companheira Ana Suely — veterana incansável e pioneira inconteste das Escolas de Aprendizes do Evangelho a Distância, persuasiva e incisiva como só ela, em poucas palavras nos deu uma lição que guardaremos para sempre no coração: "A Escola de Aprendizes do Evangelho não é qualquer salinha de qualquer empresa comercial expedidora de correspondência comum, comercial. Não, não é mesmo!

Escola de Aprendizes do Evangelho a Distância é expedidora sim, mas de mensagens divinas que começam no Plano Espiritual mais elevado, manipuladas em ambiente sempre previamente preparados para tal fim. São expedidas por dedicados discípulos de Jesus, auxiliados por companheiros que, no mínimo, estejam se esforçando para também serem discípulos de Jesus, com vibrações apropriadas e peculiares às EAEs, envelopadas. Os destinatários, ao abrir os envelopes, são, assim, envolvidos e tocados pelas mesmas vibrações.

Quando evoluírem para a Internet, a manipulação dos teclados também deverá estar imbuída e conscientizada dessas mesmas elevadas vibrações de amor."

Afigura-se-nos ilimitada a amplitude deste trabalho, se continuarmos sempre humildes, diligentes e ligados aos ensinamentos do Mestre Jesus e da Doutrina dos Espíritos, codificada por Allan Kardec. (Resposta extraída do texto "Aprendizes Cotidianas", do companheiro Azamar, publicado em *O Trevo* nº 309, de março de 2000)

111 — Como a Escola de Aprendizes por correspondência pode atuar, superando as limitações decorrentes da distância?

R — Ela tem o mesmo objetivo da EAE em sala de aula, a evangelização dos alunos com o propósito de testemunhar o Evangelho de

Jesus, no lar, no trabalho, na sociedade, em todos os lugares em que estiverem. Auxiliar na transformação do indivíduo e na multiplicação da Boa Nova. (Resposta extraída do texto "Seminário: Escola de Aprendizes do Evangelho", publicado em *O Trevo* nº 300, de junho de 1999)

112 — Quem pode dirigir turmas na Escola a Distância?

R — Toda pessoa apta para a direção. É solicitado que o dirigente seja discípulo. (Resposta extraída do texto "Curso de Aprendizes por Correspondência", publicado em *O Trevo* nº 265, de julho de 1996)

113 — Qual a tarefa da Casa ante esse trabalho a distância?

R — É indispensável que a direção da Casa participe do trabalho oferecendo Assistência Espiritual com tratamento a distância, vibrações, exames... Materialmente conhecendo e acompanhando o aluno. Um dia ele pode vir a ser trabalhador da Casa ou mesmo fundador de um novo Centro em sua cidade (o que, aliás, já tem acontecido). (Resposta extraída do texto "Curso de Aprendizes por Correspondência", publicado em *O Trevo* nº 265, de julho de 1996)

114 — Como é a aceitação do aluno a distância nas Casas?

R — O dirigente da Casa deve integrá-lo nos trabalhos sem permissividades nem exageros de exigências. A caderneta é o passaporte do aluno. (Resposta extraída do texto "Curso de Aprendizes por Correspondência", publicado em *O Trevo* nº 265, de julho de 1996)

4. A Prece dos Aprendizes

115 — A prece cantada dos aprendizes foi introduzida com que sentido?

R — O fundamental nas aulas da Escola não está nas noções que se dão de conhecimentos histórico-religiosos, que são simplesmente complementares, mas na parte religiosa, consubstanciada na Reforma Íntima, e essa parte, para ser proveitosa, exige um ambiente claro, harmonioso, de vibração elevada, que resulte em euforia, bem-estar, enlevo. A prece cantada concorre grandemente a formar esse ambiente e estabelecer ligações estreitas, sintonizadas, com os Espíritos instrutores e a assistência de desencarnados, sempre numerosa.

Suprima-se esse recurso espiritualizante e o que sobra será frieza, vazio; não tocará o coração nem influenciará o Espírito, a não ser que haja grande capacidade por parte dos dirigentes de provocar esse desprendimento espiritual com preces comuns, falas; mas a experiência de muitos anos mostrou que esta possibilidade é muito rara...

Já dissemos atrás que há confrades que combatem a prece, não gostam de música nos trabalhos espirituais, isolando-se, desta forma, do Plano Espiritual, onde tudo é luz, som, colorido e beleza. (Pergunta do dr. Ney ao Cte. Edgard Armond, publicada em *O Trevo* nº 1, novembro de1973)

116 — A Prece dos Aprendizes deve ser cantada com as pessoas sentadas ou em pé?

R — ... o importante é a prece ser entoada como ponto final da abertura de uma aula da Escola de Aprendizes. Os alunos podem permanecer sentados ou colocarem-se em pé, dependendo da orientação de cada centro espírita integrado. Há quem prefira entoar de pé, por considerar um sinal de profundo respeito ao Criador; outros, contudo, acham que permanecer sentado facilita a continuidade da concentração espiritual. Portanto, este aspecto fica a critério de cada centro (não a critério da direção de cada turma). Nas reuniões gerais, de confraternização, a prece continuará sendo entoada de pé. (Resposta extraída do texto "As Deliberações do Conselho", publicado em *O Trevo* nº 143, de janeiro de 1986)

117 — A prece dos Aprendizes pode ser cantada na preparação do ambiente em todos os trabalhos?

R — No livro *Vivência do Espiritismo Religioso* (Editora Aliança) fica claro que a prece cantada dos Aprendizes deve apenas ser utilizada na preparação da aula da Escola de Aprendizes do Evangelho. Ela é também cantada nas reuniões de confraternização da FDJ – Fraternidade dos Discípulos de Jesus e na preparação das reuniões gerais da Aliança. (Resposta extraída da coluna "Esclarecendo", publicada em *O Trevo* nº 112, de junho de 1983)

5. A Prece das Fraternidades, Vibrações

118 — Como apresentar a Prece das Fraternidades?

R — Como um meio de ligação com os vários agrupamentos espirituais que se dedicam ao socorro e à evangelização. (Resposta extraída do texto "As Origens da Escola de Aprendizes", publicado em *O Trevo* nº 135, de maio de 1985)

119 — Algo mudou no conteúdo da Prece das Fraternidades?

R — O Plano Espiritual não considera nenhuma alteração quanto à Prece das Fraternidades. Sobre a expressão "lutar contra as forças do mal", o Comandante perguntou a uma pessoa, que questionou o conteúdo da prece: "Na luta contra o seu orgulho, quem está vencendo?" Essa pergunta ainda vale. A vida é uma luta. É preciso muita energia para a reeducação. O Comandante abriu uma luta, quando o mundo estava em guerra. Lutar por fora com armas é próprio dos covardes. Difícil é quando se luta contra as próprias inferioridades e coisas malfeitas do passado. (Extraído de depoimento de Martha Gallego Thomaz no texto "Edgard Armond, 105 Anos de Nascimento", publicado em *O Trevo* nº 300, de junho de 1999)

120 — Como fazer a vibração das 22h?

R — Às 22 horas, diariamente, quando soa o momento marcado pelo Plano Espiritual para se efetivar a "vibração pelo Bem Universal", os companheiros inscritos na Aliança Espírita Evangélica, onde quer que estejam, concentram-se e unem-se em pensamento uns com os outros, visando o bem dos semelhantes.

Nessa comunhão com Deus e com Jesus cumprem a lei maior da fraternização universal, fundamental da evangelização.

Para que haja mais perfeição nesse ato, essa vibração deve ser feita em local adequado, em silêncio, ligando-se os servidores a esferas espirituais sucessivamente mais elevadas, para que o teor vibratório de cada um vá, também, se elevando gradativamente, purificando-se, até atingir um alto índice de radiação espiritual.

Com esse esforço ocorrerá a exteriorização progressiva do Espírito e o conjunto deles assegurará condições perfeitas para a vibração coletiva que se tem em vista.

Nessa hora de paz e recolhimento, no silêncio de nossa própria alma, reafirmamos nosso anseio de purificação e união com Deus, nosso Pai Eterno e com Jesus, nosso redentor.

Nessa vibração, em primeiro lugar, devemos nos unir a Deus, rogando forças para aumentarmos nossa capacidade de amá-Lo acima de todas as coisas e ao próximo como a nós mesmos, tornando-nos verdadeiros discípulos do Divino Mestre.

Se a essa hora não tivermos condições de recolhimento e concentração, devemos lançar, ao encontro dos companheiros, um simples e rápido pensamento de união, guardando-nos para realizar a vibração um pouco mais tarde, assim que possível. (Resposta extraída do texto 34 "Vibração das 22h", do livro *Na Semeadura II*, de Edgard Armond)

121 — Como apresentar a vibração pelo Bem Universal?

R — Como elemento disciplinador, como nossa contribuição em socorro dos necessitados e dos benefícios que recebemos através dela. (Resposta extraída do texto "As Origens da Escola de Aprendizes", publicado em *O Trevo* nº 135, de maio de 1985)

122 — Como membro da FDJ, desejo conhecer, com mais detalhes, o motivo da hora — 22h — que a Aliança marcou para se fazer a "Vibração pelo Bem Universal". Por que não mais cedo?

R — A esse companheiro, que declara ser discípulo, podíamos dizer que, se fosse mais cedo, encontraríamos menos gente desligada de compromissos, inclusive domésticos; e, se fosse mais tarde, encontraríamos ainda menos gente acordada (mormente proletários, que são a maioria), dispostos a fazê-la.

Poderíamos também dizer que, com esse horário, estaríamos seguindo uma tradição que vem do próprio Divino Mestre, que a essa hora fazia a sua última das três concentrações habituais diárias.

Mas a razão principal é que esse horário é o que foi sugerido por nosso irmão maior Bezerra, logo nos primeiros dias da Aliança, ficando valendo também para as Escolas de Aprendizes do Evangelho e de Médiuns.

Quando, ocasionalmente não for possível fazer a vibração a essa hora, deve-se fazer uma mentalização rápida, um simples pensamento que seja, de ligação com os companheiros e o Alto, e completar a vibração logo depois, passado o impedimento.

A essa hora, além do motivo principal, sempre encontraremos grandes possibilidades de comunhão com o plano maior, inspirações e auxílio para solução dos problemas e dificuldades que são comuns a todos nós. (Resposta extraída da coluna "Esclarecendo", de Edgard Armond, publicada em *O Trevo* nº 36, de fevereiro de 1977)

6. Caderno de Temas e Caderneta Pessoal

123 — Por que ler o tema em público?

R — O objetivo principal não é a desinibição do aluno, mas a sua leitura pode dar uma confiança interior maior. Os aspectos que realmente devem ser considerados são:

• Oportunidade de expor as idéias e os sentimentos a respeito do tema desenvolvido.

• Os demais companheiros estarão tendo a oportunidade de observar e vivenciar experiências e pontos-de-vista diferentes, estabelecendo uma troca positiva.

• A atenção dos demais proporciona também o fortalecimento do sentimento de fraternidade para com o próximo.

(Resposta extraída do texto "Caderno de Temas e Caravanas", de Taqueo Kusaba, publicado em *O Trevo* nº 344, de junho de 2003)

124 — Como apresentar o Caderno de Temas?

R — Como poderoso instrumento de Reforma Íntima, porque proporciona uma auto-análise. Não se trata, portanto de aculturamento.

Como os temas versam sobre comportamento, ajudam a fazer reflexões para nos conhecermos. Por esse motivo o aluno não pode deixar de fazer o tema ou atrasar-se. Ele não é mera formalidade, é um instrumento de trabalho; através das reflexões, nos analisamos. A leitura do tema é um elemento desinibidor. Nos casos de pessoas que não sabem escrever, existem dois caminhos: alfabetizá-las, ou escrever o tema que elas forem ditando. (Resposta extraída do texto "As Origens da Escola de Aprendizes", publicado em *O Trevo* nº 135, de maio de 1985)

125 — Como definir a Caderneta Pessoal?

R — Não se trata de processo confessional, incompatível com a liberdade que a Doutrina assegura a todos e apresenta inúmeras vantagens:

• estimula o aprendiz e o acostuma a auto exames periódicos para o desenvolvimento de capacidades e de responsabilidade pessoal;

• ajuda a combater o orgulho e os preconceitos de inferioridade, que são sempre inibitórios;

• alimenta a autoconfiança, pelo conhecimento de suas possibilidades e limitações;

• ajuda a adquirir humildade, uma das maiores virtudes cristãs, capacidade de transigência, tolerância e subordinação;

• representa para o aprendiz uma relíquia de valor estimativo, testemunha silenciosa dos esforços feitos, dos fracassos e dos êxitos; elemento de comparação nas mudanças que nele mesmo se operam; troféu de uma batalha que venceu contra si mesmo e contra as ilusórias atrações do mundo material; uma espécie de diário de atividades espirituais, sempre à mão, uma bússola que aponta e relembra compromissos de caminhos retos e conduta perfeita. (Resposta de Edgard Armond, extraída do capítulo "7 – Críticas ao Sistema" do livro *Guia do Aprendiz*)

❖

É o registro das descobertas de nosso complexo mundo íntimo e das suas permanentes transformações. Deve ser introduzida na 3ª Aula de Complementação, depois da 19ª Aula da EAE.

O aluno deve entender que a caderneta é uma das ferramentas maravilhosas que a Escola lhe oferece para as anotações da grande viagem que deverá fazer pelo interior de si mesmo. O dirigente deve recolher a caderneta a cada 90 dias, além dos recolhimentos para os exames espirituais previstos no programa. Na FDJ, o discípulo deve continuar a fazer sua caderneta, conforme vemos sugerido na página 35 do *Guia do Aprendiz*. (Resposta extraída do texto "As Origens da Escola de Aprendizes", publicado em *O Trevo* nº 135, de maio de 1985)

126 — Comandante Edgard Armond, gostaríamos que o senhor enumerasse os motivos da introdução e as vantagens da caderneta usada pelos aprendizes para o controle da Reforma Íntima. Haveria a possibilidade dessas cadernetas serem consideradas uma confissão escrita dos erros e defeitos?

R — Pode-se pensar assim, pois que o pensamento é livre, mesmo quando não corresponda à verdade; mas a verdade é que a caderneta é um recurso valioso e eficiente, à disposição dos aprendizes para sua reforma moral como também o é para a administração da Escola.

Quem tiver humildade e disposição para fazer auto-exame psíquico e combater vícios e defeitos (medida, aliás, indispensável e útil quando o esforço é levado a sério), dá-lhe o valor que ela merece e sabe do auxílio que ela presta, pois que nela registra seus esforços individuais desde o primeiro dia e periodicamente a consulta para medir seus progressos espirituais.

A Escola fornece orientação e auxílio espiritual nessa luta edificante de autopurificação, inteiramente a cargo do aprendiz, mas não oferece facilidades, porque nesse esforço sacrificial que forma discípulos, não pode haver acomodações, transigências íntimas, protelações, fugas... Ou Deus ou Mamon...

Julgamos haver incompreensão, imaturidade ou, em alguns casos, má fé nessa afirmação leviana; a caderneta registra, como já dissemos, os resultados do auto-exame, muito útil, aliás, para o conhecimento de nossas inferioridades e para o autocontrole do esforço de eliminação delas.

Convém também considerar que esta necessidade de auto-análise é reclamada desde milênios por luminares da nossa civilização (veja-se, por exemplo, Sócrates) e posta muito em evidência pelo Divino Mestre, neste mesmo Evangelho que a Escola se esforça para ensinar a cumprir e viver.

Dos milhares de aprendizes que passaram pela Escola, os poucos reparos que se fizeram sobre isso foram de pessoas menos interessadas na sua melhoria espiritual que no seu próprio conforto e opiniões. Mas, de pouco tempo para cá, essas críticas vêm se avolumando, como se fossem dirigidas; ou então é de crer que os aprendizes não estão sendo suficientemente esclarecidos sobre o assunto, logo nos primeiros dias.

Como a Escola é aberta, a matrícula é livre e o programa e a finalidade não se escondem, é claro que só se inscrevem aqueles que realmente desejam seu aperfeiçoamento moral; os que não têm esse objetivo, melhor será que se submetam mais tempo aos desgastes e às experiências da vida exterior, amadureçam para as aspirações mais elevadas e só depois voltem, para se valerem dessa feliz oportunidade de purificação e de progresso espiritual, cuidando então de si mesmos e não de críticas destrutivas. (Pergunta do dr. Ney ao Cte. Edgard Armond, publicada em *O Trevo* nº 1, novembro de1973)

127 — Comandante Edgard Armond, o senhor sabe que há instituições no meio espírita que não aceitam a utilização da caderneta. Que outro meio de controle e apuração do desenvolvimento poderia ser introduzido, visando um programa amplo de implantação de escolas no mundo inteiro, facilitando o trabalho dos dirigentes e evitando possíveis controvérsias a respeito?

R — Já nos referimos a isso no item 4, mas podemos acrescentar algo dizendo que a controvérsia é, mais que tudo, provocada por confrades que preferem o espiritismo filosófico ou científico, aos quais nada temos que opor, pois é assunto de livre-arbítrio; e também por aqueles que não desejam esforçar-se no desprendimento dos valores materiais; e ainda os diletantes e curiosos que, ao invés de se dedicarem à elevação própria, preferem criticar o que não ajudam a construir.

Quanto aos novos controles já nos referimos noutro item. (Pergunta do dr. Ney ao Cte. Edgard Armond, publicada em *O Trevo* nº 1, novembro de1973)

128 — Como se deu a introdução da Caderneta Pessoal na Escola?

R — Para o acompanhamento individual de cada Aprendiz, nos avanços e recuos de seu esforço na realização da Reforma Íntima, foi o Comandante buscar, com as necessárias adaptações, a utilização das cadernetas individuais utilizadas pelos essênios, ao tempo de Jesus, descritas no livro *Harpas Eternas*, de Hilarion do Monte Nebo, contemporâneo e servidor de Jesus; essa obra recebida por Josefa Rosalía Luque Alvarez, em quatro volumes, lhe havia sido enviada da Argentina, pela autora, antes mesmo do lançamento; o sistema das cadernetas foi adotado com excelentes resultados. (Resposta de Ismael Armond, extraída do capítulo "O escritor e jornalista espírita. Pioneirismo na FEESP", do livro *Edgard Armond, meu pai*)

129 — Como implantar a Caderneta Pessoal?

R — Abordar sempre o assunto com total seriedade. Não temer a apresentação da caderneta à classe; o índice de evasão não aumenta em consequência da implantação da caderneta.

Apresentá-la como uma ferramenta essencial para o processo de Reforma Íntima e jamais como veículo de aprovação. O aluno não vai fazer anotações "para o dirigente" ou "para o plano espiritual"; vai fazer anotações para si mesmo, visando ao registro particular de auto-análise permanente. Os alunos que não sabem escrever devem ser motivados a pedir ajuda a companheiros de turma, que possam registrar suas impressões.

O dirigente deve fazer sua própria caderneta pessoal. (Resposta extraída do texto "Reunião de Dirigentes", publicado em *O Trevo* nº 118, de dezembro de 1983)

130 — Existe um roteiro para uso da Caderneta?

R — Os cinco aspectos que devem ser contemplados ao fazer as anotações na Caderneta:

A data — para iniciar um relato na caderneta pessoal é imprescindível a anotação (dia/mês/ano), antes de começar a escrever o texto.

A anotação da data tem por objetivo estabelecer uma ordem cronológica nas anotações de forma a permitir o acompanhamento do que o aprendiz vem realizando no campo da Reforma Íntima, no decorrer do tempo;

O fato — na descrição do fato, a anotação deve ser a mais sucinta e objetiva possível;

O motivo — identificar o motivo que nos levou a adotar determinada atitude/comportamento (normalmente ligado a um vício ou defeito);

O sentimento — identificar o sentimento (raiva, ódio, tristeza, ciúme, orgulho, inveja, egoísmo etc.), que nos levou a adotar determinada atitude/comportamento;

Proposta de mudança — procurar descrever a proposta de mudança, identificando o vício ou defeito que deve ser trabalhado. Estabelecer a meta a ser atingida. Não se esquecer de que a meta deve ser realista e possível, levando em consideração a capacidade e as limitações de cada um. "O progresso se mede em milímetros." (Resposta extraída do texto "Caderneta – Roteiro para Uso", de Maurício Duque, publicado em *O Trevo* nº 344, de junho de 2003)

131 — Como o dirigente deve acompanhar o uso da Caderneta?

R — Dar acompanhamento às cadernetas com assiduidade e seriedade. Este acompanhamento visa apenas tomar conhecimento se os alunos estão efetivamente utilizando esse instrumento, e não para avaliação do estado de cada aluno. (Resposta extraída do texto "Reunião de Dirigentes", publicado em *O Trevo* nº 118, de dezembro de 1973)

132 — A prática do "minuto da Caderneta", na qual se reserva parte da aula para anotações, é um recurso adequado?

R — A prática do "minuto da Caderneta", em que se reserva uma parte da aula para anotações, foi desaconselhada por Edgard Armond, fundador da Escola de Aprendizes. "Forçamentos e improvisos não são desejáveis. É imprescindível haver um tempo de análise, de mergulho interior, para o autoconhecimento", explicou Jacques. "É como passar o tema do Caderno de Temas e pedir que se escreva na hora", comparou. Armond insistia em que o uso da Caderneta tem de ser espontâneo. "Algo tão íntimo não pode se ater a horários e formatações." (Resposta extraída do texto "Reciclagem-EAE: Caderneta Pessoal, Caderno de Temas, Virtudes e Defeitos...", publicado em *O Trevo* nº 318, de dezembro de 2000)

133 — O Comandante dava algum conselho sobre a Caderneta?

R — Ele dizia para fazer uma lista das qualidades e defeitos. E quando trocássemos um defeito por uma qualidade, para anotar na Caderneta. Assim, nós perceberíamos nitidamente o esforço. (Resposta de Martha Gallego Thomaz extraída do texto "Vó Martha: uma Vida Dedicada ao Espiritismo", de Miriam Damasceno Gomes, publicado em *O Trevo* nº 331, de maio de 2002)

134 — Como fica o recolhimento da Caderneta Pessoal no período probatório?

R — O recolhimento da Caderneta Pessoal no período probatório, caso se estenda além de 90 dias, prossegue trimestral. (Resposta extraída do texto "Reciclagem de Dirigentes de Escola de Aprendizes", publicado em *O Trevo* nº 320, de fevereiro de 2001)

135 — Com que os aprendizes devem se comprometer?

R — 1) A se edificarem no estudo aprofundado do Evangelho e sua exemplificação;

2) eliminarem vícios e defeitos pessoais, visando à purificação de corpo e espírito;

3) manterem-se unidos, congregados fraternalmente, dispostos à formação de uma unidade espiritual poderosa, destinada a auxiliar necessitados em geral;

4) conservarem-se unidos, à disposição permanente e vigilan-

te dos Espíritos Superiores auxiliares do Cristo, para a realização de Sua santificante tarefa planetária;

5) esforçarem-se nessa Fraternidade de aprendizes até que, por seus próprios atos e méritos, possam se transformar em autênticos discípulos do Mestre em espírito e verdade. (Resposta extraída do texto "Mensagem para a Reunião Geral da Aliança", do livro *Verdades e Conceitos I*, de Edgard Armond)

7. Caravana de Evangelização e Auxílio

136 — Qual a característica fundamental das Caravanas de Evangelização e Auxílio?

R — É a evangelização, o auxílio material, somente em casos excepcionais. As caravanas podem proporcionar abertura de novas casas. (Resposta extraída do texto "As Origens da Escola de Aprendizes", publicado em *O Trevo* nº 135, de maio de 1985)

137 — Como definir a Caravana?

R — É trabalho, não é reunião. Ser excluída das atividades de uma turma é um despautério, disse Jacques. Essa atividade surgiu na "primeira hora" da Aliança, quando o Espírito Bezerra de Menezes sugeriu a atividade a Armond, em mensagem transmitida na noite de Natal de 1973. A Caravana deve ser entendida como um exercício do amor que se aprende de forma teórica na EAE. Seu objetivo não é doutrinar, mas evangelizar e auxiliar, "no que for solicitado". O dirigente deve se aplicar em superar a dificuldade em reunir os alunos em torno de um trabalho comum. (Resposta extraída do texto "Reciclagem EAE: Programa, Caderneta, Expositor...", publicado em *O Trevo* nº 309, de março de 2000)

138 — O que as Caravanas devem valorizar?

R — Jacques relembrou que o exercício do Cristianismo é o objetivo precípuo das Caravanas de Evangelização e Auxílio. Cada turma de Escola é livre para escolher o campo de atuação. Jacques ressaltou o constante alerta dos mentores quanto à necessidade de preservar o ambiente espiritual do grupo, com preparação e encerramento de todos juntos, na Casa da qual parte o trabalho.

Sobre que atividade realizar, o companheiro Valdir sugeriu que os Grupos permutem idéias sobre os vários trabalhos realizados. Flávio ressaltou que as visitas a lares ou instituições não devem visar qualquer doutrinação. "Com a Caravana o aluno vai perceber a realidade do mundo, quebrar a timidez e trabalhar o melindre, o orgulho, a vaidade." Rui alertou para "o perigo" de a Caravana se converter em "assistencialismo puro e simples".

Lembrando o começo da Aliança, na década de 1970, quando a multiplicação de Casas se deu basicamente a partir de Caravanas, Jacques ressaltou que "o trabalho de semeadura não pode ser esquecido". Na atividade, há objetivo muito bem delineado de desbravamento no ideal do pioneiro Edgard Armond para a instalação de "um Centro em cada esquina", Casas bem orientadas, abertas a quem procura equilíbrio espiritual. (Resposta extraída do texto "Reciclagem sobre Escola de Aprendizes", publicado em *O Trevo* nº 322, de abril de 2001)

139 — Por que a Caravana precisa contar com um número mínimo de participantes?

R — Jacques explicou que a recomendação de a Caravana contar com um número mínimo de pessoas e de ser realizada pelo menos uma vez por mês visa garantir consistência espiritual ao trabalho. Como atividade da turma e da Casa, é importante realizar preparação no Centro. Com essa experiência se está mais preparado a abrir uma nova frente de atividade, seja um Núcleo novo ou uma nova atividade na Casa. Flávio relacionou a caravana à cultura do voluntariado, que deve ser fomentada a partir da Evangelização Infantil. (Resposta extraída do texto "Reciclagem EAE: Caravanas, dirigentes, Fraternidades...", publicado em *O Trevo* nº 311, de maio de 2000)

140 — Que tipo de atividade deve ser considerada Caravana?

R — As Caravanas, que são feitas rotineiramente em favelas, poderão também ser feitas em outros campos assistenciais. O dirigente não deve forçar a classe a participar de um só trabalho de Caravana; deve oferecer aos alunos um leque de opções, que, de acordo com o interesse e afinidade de cada aluno, será escolhido livremente. Um trabalho de Caravana deve ser feito por mês, já que faz parte do currículo da Escola. É possível que dessa forma haja mais participação, uma vez que, oferecendo-se apenas uma opção, muitos alunos desistem por não se afinizarem com o trabalho proposto. (Resposta extraída do texto "Reunião de Dirigentes", publicado em *O Trevo* nº 118, de dezembro de 1983)

8. O Aprendiz

141 — Como evitar influências más?

R — Muitos se queixam dos constantes ataques de Espíritos inferiores para os quais, dizem em nada concorrerem; outros confessam não ignorar as causas; e, por ignorância religiosa, a maioria torna-se vítima cega desses males, negando mesmo alguns que eles existem.

Como se dão esses ataques, perguntam, e quais as procedências?

Há duas principais: os *resgates cármicos*, na ocorrência dos quais as influenciações são justificáveis, havendo determinada liberdade de ação para os Espíritos credores e agentes; e as *imperfeições humanas*, portas sempre abertas a essas influências torturantes.

Em um mundo de provas e expiações como o nosso, onde as imperfeições são a regra geral e que se agravam com a ignorância da vida espiritual, na maior parte dos casos, as interferências desses Espíritos são quase que permanentes e sistemáticas.

Se as imperfeições são gerais; se os encarnados, por ignorância das leis espirituais ou por negligência, conservam sempre baixa sua vibração perispiritual e não cuidam de melhora-lá, é natural que os agentes do mal, por atrações vibratórias, se aproveitem disso e se lancem contra as vítimas livremente, apesar da assistência espiritual que todos recebem dos Espíritos protetores que, nestas circunstâncias nem sempre, ou melhor, geralmente, ficam impedidos de agir com eficiência, por dificuldades de aproximação e impedimentos naturais de ordem sintônica.

Os homens virtuosos, evangelizados, são tentados como os demais, mas reagem e neutralizam seus efeitos, repelem os ataques mesmo quando, de improviso, estes os atingem, causando-lhes perturbações passageiras, ressalvada sempre a hipótese de agirem os atacantes como agentes do Carma, com liberdade de ação até certos limites, para que se efetivem os resgates saneadores, indispensáveis ao progresso espiritual de suas vítimas.

Não devemos, pois, culpar os maus Espíritos por todos os males que nos atormentam porque, se uma parte e não pequena lhes cabe, outra, também considerável, a nós pertence. Se não oferecêssemos as condições de acesso, as forças más não nos atingiriam e, se o fizessem improvisadamente, aproveitando-se de abertura momentânea, seus efeitos seriam passageiros, como já dissemos.

Assim, pois, para evitarmos as más influências há uma regra que sobreleva todas as outras, ou melhor, um recurso, que é a evangelização, a moralização do caráter e da conduta, a transformação dos sentimentos, com a consequente elevação do padrão vibratório individual. Mas mesmo assim continuaremos acessíveis às referidas influências para os ressarcimentos dos débitos do pretérito.

Neste último caso haverá, entretanto, grande diferença no modo de encarar o problema, porque já sabemos algo do que se trata, da extensão e dos limites dos sofrimentos a suportar, mas sobretudo sabemos que eles redundarão em alto benefício para nosso progresso espiritual que, sem isso, não se daria; e, assim sendo, ao invés de nos lamentarmos, muito ao contrário colaboraremos para que os resgates se dêem amplamente, sem embaraços e com a nossa própria concordância, na certeza de que sempre haverá atenuações.

Como somos ainda muito imperfeitos e, por isso mesmo, habitamos um planeta como a Terra, que é palco para expiações e provas, infelizes seríamos se não contássemos com a cobertura, a compreensão, a tolerância e a assistência constante dos benfeitores espirituais com os quais, em consequência, devemos manter intercâmbio constante e canais abertos de acessibilidade, pelo menos por meio de preces, bons pensamentos e boas obras, o que vale dizer pela formação e a vivência evangélica. (Resposta extraída do texto 77 "Como Evitar Más Influências", de Edgard Armond, publicado no livro *Enquanto é Tempo*).

142 — Os graus de aprendiz, servidor e discípulo, que as Escolas adotam, têm objetivo puramente didático ou seguem uma orientação iniciática ocultista?

R — Não há nada oculto no Espiritismo, que é doutrina racional e religião realizadora do amor e da paz.

Os três graus instituídos no início expressam as realizações morais progressivas da iniciação no campo interno, com vistas à vivência do Evangelho, conquanto concorram também a efeitos didáticos na metodologia escolar. Não há nenhuma ligação ou dependência iniciática com organismos estranhos à Doutrina; o termo "iniciação" não deve ser "tabu": é simplesmente terminologia gramatical de nossa língua.

Observe-se por fim que o tempo que passou é bem longo, os resultados obtidos pelos aprendizes no campo interno e suas exemplificações no campo coletivo demonstram a veracidade das afirmativas aqui feitas e mais detalhes sobre os assuntos ventilados podem ser encontrados no referido livro *Guia do Aprendiz*.

E ao encerrar quero chamar a atenção, dos confrades líderes e dirigentes, para a expansão notável da Umbanda e do materialismo em nosso País, onde 43% da população é formada de jovens de menos de 14 anos, que precisam ser orientados espiritualmente; e não será com filosofias, somente... (Pergunta do dr. Ney ao Cte. Edgard Armond, publicada em *O Trevo* nº 1, novembro de1973)

143 — O que será exigido de um servidor de Jesus?

R — Uma virtude deve dirigir a vida de um servidor: A CARIDADE. (Resposta extraída de texto de Nistel Padilha, publicado na "Página dos Aprendizes", em *O Trevo* nº 11, de janeiro de 1975)

144 — Como explicar aos alunos a diferença entre vícios e defeitos?

R — O esforço para eliminar nossos vícios mais comuns pode comparar-se ao de galgar meia dúzia de degraus de uma escada vertical.

Mas, para nos livrarmos de um só que seja dos defeitos morais que por ventura possuamos, como, por exemplo, o egoísmo ou o orgulho, o esforço é comparável ao de galgar dessa escada centenas de degraus, sendo-se aleijado de uma perna; e fazer a escalada todos os dias.

Pois há defeitos que atravessam a vida toda e se projetam nas vidas futuras, causando-nos males incalculáveis.

As Escolas de Aprendizes do Evangelho foram criadas justamente para ajudar a eliminar essas imperfeições da alma; e a decisão de se inscrever nelas é o passo mais acertado e decisivo que se pode dar para apressar nossa evolução. (Resposta extraída do texto "Bom Conselho", de Edgard Armond, publicado em *O Trevo* nº 4, março/abril de 1974)

145 — Pode haver aluno no segundo ano da Escola com algum vício?

R — Na Escola de Aprendizes do Evangelho, normalmente sobre centenas de aprendizes, após o primeiro ano do aprendizado, 80% já terão abandonado fumo e álcool (porcentagem tirada dos que eram viciados, compreenda-se) e, após o segundo ano, somente um ou outro não consegue libertar-se. (Resposta de Edgard Armond, extraída do capítulo III do livro "Trabalhos Práticos de Espiritismo", incluído no volume *Prática Mediúnica*).

146 — É possível fazer o Curso de Médiuns durante o período probatório?

R — O período probatório é o intervalo de tempo em que o aspirante ao discipulado, fora do ambiente de turma, se avalia para sentir: a) se está em condições de testemunhar o Evangelho de Jesus; b) se a sua busca de renovação de sentimentos, pensamentos e atitudes, terá continuidade fora do ambiente da Casa Espírita; e c) se ele pode levar adiante a bandeira cristã, contribuindo para o bem da humanidade. Os programas de Escola de Aprendizes do Evangelho (EAE) e do Curso de Médiuns (CM), segundo o livro *Vivência do Espiritismo Religioso*, estão estruturados de tal forma que os dois tenham conclusão simultânea.

Isso só não ocorre se o Grupo da Aliança não seguir a orientação original do livro "Vivência" ou se os aprendizes frequentam o CM fora de suas turmas (o que é possível, pois o CM pode ser oferecido em dia e horário que lhes impossibilite a frequência). Adicionalmente devemos lembrar que o CM tem, como previsão, 30 aulas na parte teórica (cujas características são muito próximas das da EAE) e 42 aulas para a parte prática (com características próximas de um trabalho de Assistência Espiritual). Assim, se o período probatório coincidir com a parte prática do CM não há empecilhos maiores em iniciar o período probatório.

Se o probatório coincidir com a parte teórica do CM, surgem duas hipóteses: 1º) o servidor está fazendo o CM fora de sua turma, não havendo problemas em iniciar o período probatório; 2º) a turma que está nesta condição é porque iniciou o CM durante o 3º ano da EAE, mais precisamente a partir da aula 90; quando teríamos ainda 13 aulas de EAE mais 17 para o Estudo Sistemático de *O Livro dos Espíritos*. Evidentemente este é um caso hipotético, pois não temos notícia de que isso já tenha ocorrido em nosso movimento. Portanto, é perfeitamente possível se fazer o CM (parte prática) durante o período probatório. (Resposta extraída da coluna "Esclarecendo", publicada em *O Trevo* nº 317, de novembro de 2000)

147 — Comandante Edgard Armond, há quem diga que o distintivo do trevo é uma reminiscência de simbologia que não tem sentido na Doutrina Espírita. O que o senhor acha desse pensamento?

R — É uma opinião como outras, sem base na realidade espiritual. Já mostramos que os símbolos são utilizados em toda parte nos dois planos e o Espiritismo atua também em ambos, como as demais religiões, que sempre têm em vista a busca de Deus. A própria ciência materialista utiliza símbolos, para ordenar e classificar suas idéias e teorias. E nós próprios, Espíritos encarnados, não somos símbolos que corporificam o pensamento criador de Deus, na forma de inteligência, energias e sentimentos?

E o próprio Espiritismo não usa símbolos? Abra-se *O Livro dos Espíritos*, em "Prolegômenos", e teremos a resposta[4]; e nas atividades do Plano Espiritual Superior o símbolo é comum e qualquer vidente sabe disso porque os vê. (Pergunta do dr. Ney ao Cte. Edgard Armond, publicada em *O Trevo* nº 1, novembro de1973)

148 — Como entender a passagem para o grau de servidor?

R — A promoção que vos é feita hoje para o grau de servidor quer dizer que tivestes êxito no período de adaptação à Escola e ao sistema novo aqui utilizado para a evangelização; que demonstrastes aproveitamento e aplicação às servidões escolares, compreensão às suas finalidades espiritualizantes, mas, sobretudo, que vencestes as dificuldades desta preparação no que concerne à eliminação de

[4] Edgard Armond se refere ao emblema do ramo de parreira, desenhado pelos Espíritos.

vícios e maus hábitos, incompatíveis com o aprimoramento espiritual; vícios que enfeiavam e apequenavam o Espírito que queremos fazer grande e sem cuja eliminação não vos seria possível receber hoje esta valiosa promoção espiritual.

Destas vantagens adquiridas com esforço e dignidade não deveis jamais voltar atrás, provando, assim, que realmente lutais por um ideal elevado de autopurificação, que vos coloca um pouco mais perto do Divino Mestre Jesus, porque servireis ao próximo em melhores circunstâncias, servindo ainda a si mesmos, porque vos engrandecem e dignificam no próprio esforço.

Essa investidura é ainda para vós oportunidade de provar que sois dignos de lutar em tarefas mais amplas e mais altas, que são próprias do discipulado, pelo qual ingressais na Fraternidade dos Discípulos de Jesus, que vos inclui no rol daqueles que são dignos da comunhão com planos espirituais mais altos que, sob a direção do Divino Mestre, ativamente se movimentam para as lutas regeneradoras deste período final do ciclo evolutivo que se fecha.

Como esta não é escola formalística, onde imperam valores e conveniências mundanas, mas de realizações íntimas, positivas e indispensáveis a todos que demonstram anseios de religiosidade racional, é preciso que vos prepareis para esforços mais intensos de eliminação, no que for possível, dos defeitos morais que retardam a evolução dos habitantes deste planeta, certos de que, desta escola e dos Benfeitores Espirituais que a orientam, recebereis todo o auxílio de que carecerdes para as transformações morais que a Reforma Íntima exige, e sem as quais não podereis atingir esse objetivo.

As Escolas de Aprendizes do Evangelho são formadoras de caráteres, aprimorando os já revelados como bons, e transformadoras dos menos felizes, desde o início, na própria origem.

Por isso, nas interpelações periódicas que são feitas pelos Dirigentes na rotina escolar sobre conduta, intimidades, ou sentimentos, os aprendizes devem responder com a mais perfeita verdade porque são testes de conscientização, de igual forma como o são, os das cadernetas pessoais.

E nos casos muito raros de forçamentos ou verdades adulteradas, a responsabilidade é toda do aprendiz e redundará em malefícios que se voltarão contra ele próprio, pois que a Divina Luz tudo vê e registra.

Nesta mensagem, estendemo-nos um pouco em recomendações e regras de conduta, visando não só os ouvintes presentes como, também, os ausentes, nas muitas escolas que se estão criando, nesta capital e fora dela.

Estendo esta mensagem aos Dirigentes e Expositores que, em grande parte, concorrem para os bons resultados do trabalho comum. Externo agora minhas preces para que as bênçãos do Divino Mestre cubram a todos, para que tenham pleno êxito nos esforços futuros.

E que assim seja. (Resposta de Edgard Armond extraída do texto "Reunião Trimestral", publicado em *O Trevo* nº 17, de julho de 1975)

9. A Fraternidade dos Discípulos de Jesus

149 — Como transmitir aos alunos a noção do ingresso na FDJ?

R — O ingresso na FDJ é testemunho pessoal. É responsabilidade que cada qual assume perante a própria consciência. Discípulo é aquele que semeia sempre, que multiplica atuação, que não se contenta com a rotina. Discípulo é aquele que não espera ser mandado; ele faz e, por amor, estimula outros a fazerem. A marca do discípulo é a multiplicação do serviço em favor do próximo. Discípulo é o homem disponível para Jesus, o homem que tem muitas dificuldades, mas que não se deixa por elas abater. É aquele que reconhece a animalidade que está dentro de si e luta por superá-la e transformá-la em espiritualidade. (Resposta extraída do texto "As Origens da Escola de Aprendizes", publicado em *O Trevo* nº 135, de maio de 1985)

150 — O que o dirigente deve priorizar como ambiente espiritual para uma turma de Escola?

R — Deve-se procurar manter elevado o ambiente de uma classe de Escola de Aprendizes. Cultivar o misticismo na sua expressão real, de nos colocar em contato com os Planos Superiores tendo os pés no chão e vivendo como o sal da terra onde ainda temos raízes profundas. (Resposta extraída do texto "As Origens da Escola de Aprendizes", publicado em *O Trevo* nº 135, de maio de 1985)

151 — Como consolidar a Fraternidade dos Discípulos e a Escola de Aprendizes, bases fundamentais da iniciação?

R — Conservando e aperfeiçoando, mas não modificando levianamente: a) a característica religiosa predominante; b) a filiação evangélica operante não somente interpretativa; c) a finalidade fundamental redentora do trabalho; d) a obrigatoriedade do esforço de reforma; e) a formação cuidadosa de expositores e dirigentes que, preferentemente, devem ter passado pelos mesmos graus de acesso; f) a multiplicação das escolas nas mesmas bases e finalidades.

Se isso for feito, grandes serão os frutos do trabalho comum e o Brasil virá a ser, realmente, a pátria do Evangelho e a Doutrina dos Espíritos alcançará seus alvos redentores, configurados no binômio: amor e sabedoria. (Resposta de Edgard Armond, extraída do capítulo 11 do livro *Guia do Aprendiz*)

152 — Como conceituar o trabalho no âmbito da Escola?

R — O que se aprende na Escola de Aprendizes do Evangelho é preciso praticar fora. Nela, as pessoas se preparam para enfrentar a si mesmas e ao mundo. Entre as opções de atividade, há, evidentemente, os trabalhos na Casa. Mas a seara do verdadeiro discípulo é o mundo, como dizia Armond. Para o discípulo, o trabalho é uma necessidade. Precisa de um compromisso com o próximo, realizado de forma espontânea. A redenção vem pelo trabalho. Mais um conceito de Armond: "Homem sem ideal não é um homem, é uma sombra. (Resposta extraída do texto

"Reciclagem EAE: Programa, Caderneta, Expositor...", publicado em *O Trevo* nº 309, de março de 2000)

10. A Aliança Espírita Evangélica

153 — Em relação à Escola, qual a finalidade da Aliança Espírita Evangélica?

R — Esta instituição, tendo sido criada para corporificar os ensinamentos do Espiritismo no setor religioso e assegurar o funcionamento das Escolas de Aprendizes do Evangelho e da Fraternidade dos Discípulos de Jesus, assumiu ante Jesus o compromisso de dar testemunho de exemplares realizações, mantendo com rigor a pureza do ensino, das práticas, das regras e dos princípios estabelecidos na primitiva Iniciação Espírita de 1950, primando por uma administração fiel e produtiva, sem maiores preocupações com o número de alunos ou de trabalhos, mas visando, sobretudo a qualidade, e demonstrando assim fidelidade às diretrizes aprovadas pelo Alto naquela época. (Resposta de Edgard Armond, extraída do texto "Finalidades da Aliança Espírita Evangélica", do livro *Lendo e Aprendendo*)

154 — Existe relação entre a Escola de Aprendizes do Evangelho, o Curso Básico de Espiritismo, o Curso de Médiuns e a atividade de Assistência Social?

R — Escola de Aprendizes do Evangelho — Uma escola onde se procura dar maior ênfase à Reforma Íntima, paralelamente ao programa de formação cultural. Trata-se de currículo com duração de dois anos e meio durante o qual o aluno é preparado para o trabalho em favor do próximo, a partir do trabalho em prol de sua própria reforma. É a escola fundamental de um centro espírita, pois nos proporciona ensinamentos amplos com respeito a Deus, à Criação, a Jesus, à Caridade, à Doutrina Espírita e à nossa vivência no cotidiano.

Curso Básico de Espiritismo — Para aqueles que ainda não têm noção de Doutrina Espírita. Deve ter sequência na Escola de Aprendizes do Evangelho.

Curso de Médiuns — Destinado aos portadores de mediunidade-tarefa. Esta mediunidade pode ser constatada mediante exame espiritual da pessoa. A não ser em casos especiais, os alunos do curso de médiuns devem estar frequentando a Escola de Aprendizes do Evangelho. O curso de médiuns é essencialmente técnico, somente sobre mediunidade; a evangelização, o médium é obrigado a exercitar na Escola de Aprendizes.

Assistência Social — A ser desenvolvida pelos alunos da Escola de Aprendizes do Evangelho, de preferência em favelas ou comunidades marginalizadas. Ideal é a formação de caravanas de evangelização, onde, a par das necessidades materiais, atendem-se as necessidades espirituais dos visitados. (Resposta extraída do texto "Sugestão de Programa", de Valentim Lorenzetti, publicado em *O Trevo* nº 8, de outubro de 1974)

155 — Pedimos esclarecer a menção aos "Quinhentos da Galiléia".

R — Os chamados "Quinhentos da Galiléia" são aqueles que presenciaram a despedida de Jesus e consigo mesmos se comprometeram aos testemunhos evangélicos. Perseguidos, dispersados e mortos muitos deles, permaneceram fiéis e durante o cristianismo primitivo plantaram com seu sacrifício as raízes do Evangelho no mundo. A eles, em grande parte, devemos a herança que usufruímos hoje. (Resposta de Edgard Armond, extraída do tópico 16 do opúsculo *Falando ao Coração*, incluído em volume de mesmo nome).

156 — Como, depois da Escola, avançar na busca de progresso espiritual?

R — O discípulo do Evangelho, para apressar sua evolução, deve ter em vista o aprimoramento do corpo, da mente e do sentimento, isto é, da matéria, da inteligência e do Espírito.

O aprimoramento do Espírito pode ser conseguido com a modificação dos sentimentos íntimos, exercitando o amor a Deus e ao próximo, isoladamente, ou filiando-se a algum agrupamento, desprendendo-se do mundo material no que for possível, para que haja realmente espiritualização.

O aprimoramento da inteligência pode ser conseguido com um selecionamento sensato e adequado de estudos doutrinários e de registros no subconsciente, de meditações aprofundadas sobre a vida espiritual, em seus variados aspectos e suas implicações na vida material que nos rodeia.

E o aprimoramento da matéria, com alimentação frugal, abstenção de tóxicos, eliminação de vícios e hábitos perniciosos; combate a paixões, disciplinação do sexo, metodização do trabalho e do repouso e vida higiênica, segundo as leis da Natureza.

Atingindo esse desenvolvimento tríplice, o discípulo não encontrará mais afinidades com as coisas mundanas, salvo para trabalhos e atividades de fundo espiritualizante; nada mais terá o mundo material para oferecer-lhe, como experiência evolutiva, porque o homem que atinge esse ponto, isto é, o desprendimento e a sintonia com os Planos Espirituais Superiores, estará desambientado, não será mais compreendido e viverá mais para as coisas internas que para as externas, sem, contudo, negligenciar seus deveres e compromissos desse mundo material.

Estará apto a viver em mundos mais evolutivos, onde as condições da vida são de maior significação espiritual, e permitem realizações mais elevadas e construtivas.

11. Diversos

157 — Na elaboração de *O Redentor*, além da pesquisa normal, o senhor também se utilizou da mediunidade para obter informações?

R — Não. Quando você se conecta bem com o Plano Espiritual para escrever, ou falar algo que é necessário, muita coisa vem que nós não precisamos buscar. Mas há muito que é preciso buscar e não depende do plano espiritual, de mediunidade. Depende de Pesquisa, de trabalho intelectual. (Resposta de Edgard Armond à pergunta de Jacques Conchon, publicada na Coluna "Encontro com Armond", Item "O Redentor", publicada em *O Trevo* n° 319, de janeiro de 2001)

158 — Alterar o programa não seria uma forma de evitar a evasão?
R — Sobre se mudar o programa da Escola de Aprendizes seria uma forma de reduzir a evasão nas turmas, Jacques respondeu que qualquer reformulação deve ser estudada com bom senso e critério pelo Conselho de Grupos Integrados. Mesmo que houvesse alterações, a evasão prosseguiria, avaliou Jacques. "O problema não é o programa, é as pessoas não quererem compromissos e desejam a salvação na base da moleza. Há quem busque na Escola um processo de auto ajuda, em que se obtenha a salvação a troco de banana ou com um gesto mágico."

A Escola de Aprendizes, porém, pauta a salvação por trabalho, muito trabalho, mesclado com fé e amor para o semelhante. Às vezes vem a decepção quando um aluno constata: "Vim procurar proteção e me dão serviço..." "No curso de auto ajuda, o exercício de respiração traz felicidade; na Escola de Aprendizes o que se busca é irrigar o coração das outras pessoas com felicidade..." (Resposta extraída do texto "Reciclagem sobre EAE: das origens da Aliança ao 3º Milênio", publicado em *O Trevo* nº 314, de agosto de 2000)

159 — Quando o Estudo de *O Livro dos Espíritos* se ligou à Escola de Aprendizes?
R — A partir de dezembro de 1979, com o lançamento do livro *Vivência do Espiritismo Religioso*, contendo os objetivos e os programas da Aliança Espírita Evangélica, a Escola de Aprendizes

do Evangelho passou a ter mais 16 aulas suplementares, porém de caráter obrigatório para complementação do currículo.

Trata-se de aulas destinadas ao estudo sintético de *O Livro dos Espíritos*, que são ministradas após a "aula de complementação" número 22, antes do estágio probatório. Isto é, terminado o currículo regular da Escola de Aprendizes, com suas 92 aulas e as aulas de complementação (AC), inicia-se o estudo de *O Livro dos Espíritos* em 16 aulas, segundo programa publicado à página 48 do livro *Vivência do Espiritismo Religioso*, da Editora Aliança.

A maioria dos grupos integrados vem adotando a técnica de seminário para essas 16 aulas. Normalmente um aluno, ou grupo de alunos, fica encarregado de expor a aula aos demais alunos; é solicitada participação mediante sorteio de perguntas. Trata-se de dinâmica que motiva todos a estudarem a obra fundamental da Doutrina Espírita. (Resposta extraída do texto "Estudo de *O Livro dos Espíritos*", publicado em *O Trevo* nº 104, de outubro de 1982)

160 — O Estudo de *O Livro dos Espíritos* é obrigatório?
R — Além de termos um resumo da Doutrina Espírita no Curso Básico, que obrigatoriamente deve preceder a Escola de Aprendizes, *O Livro dos Espíritos* é estudado em grupo por todos os alunos após a aula 92 da EAE.[5]

Terminada a Escola, antes de os alunos entrarem no estágio probatório, devem participar obrigatoriamente de 16 aulas sobre *O Livro dos Espíritos*. Deve ser ministrada uma aula por semana; não devemos ter pressa de terminar o curso, fundindo aulas. O assunto deve ser debatido, motivando-se os alunos a apresentar suas apreciações sobre *O Livro dos Espíritos* segundo a programação que está no livro *Vivência do Espiritismo Religioso*. (Resposta extraída do texto "As Origens da Escola de Aprendizes", publicado em *O Trevo* nº 135, de maio de 1985)

161 — No seu grande livro *O Redentor* em que muitas coisas novas

[5] Atualmente Aula 118.

aprendi, não consta a frase "Eli, Eli, lhama sabactani", que está na Bíblia. Pode dizer por quê?

R — Realmente não consta. Para compreender, basta considerar sua própria tradução, que é: "Senhor, Senhor, por que me desamparaste?" O Consulente admite que Jesus tenha, no Gólgota, pronunciado essa frase? Ele que, por várias vezes, advertiu seus apóstolos que seria sacrificado na cruz, porque as escrituras deveriam ser cumpridas? E como admitir que Jesus se julgasse, um instante sequer, abandonado por Deus, em cujo nome agia, glorificando-o?

Como se julgaria abandonado se, a uma simples expressão de sua vontade, legiões de Espíritos se moveriam para atendê-lo? E seria isso, por ventura, preciso quando Ele, o Verbo que se fez carne — diretor espiritual do planeta — possuidor de imenso poder espiritual para agir no ambiente da Terra como desejasse? Esta frase é uma simples concepção mística que veio do passado e até hoje é repetida em certos meios religiosos, que julgam a Bíblia um livro infalível e sagrado.

Mas o Espiritismo é uma religião racional. (Resposta de Edgard Armond, extraída da questão 313 do tópico 69 do livro *Respondendo e Esclarecendo*)

162 — Como o irmão aceita o problema do corpo de Jesus? Correm muitas opiniões e qual será a mais certa?

R — O corpo do Divino Mestre, cuja natureza tem servido de pomo de divergências entre cristãos desde muitos séculos, é um dos assuntos que se consideram de controvérsia doutrinária, passíveis de discussões; mas os espíritas se preocupam em demasia com ele e com as diferentes versões que em nada afetam a grandiosa obra de amor e de redenção por Ele promovida na Terra.

Tanto faz que tenha sido um corpo impassível, ou outro simplesmente fluídico; um corpo comum de carne como muitos querem, ou outro de matéria física diferente; o que mais interessa saber é que os homens crescem na conquista das virtudes morais e da sabedoria da conduta pessoal quando evangelizada.

Na Escola de Aprendizes do Evangelho, como é sabido, desde seu início, em 1950, foi declarado assunto aberto à inspiração de cada aluno, mas também explicado que Jesus certamente que possuíra um corpo de matéria altamente sensível e purificada (e não poderia ser de outra forma porque um Espírito como Ele, de tamanha pureza e elevada vibração espiritual, não suportaria as vibrações pesadas e grosseiras de um corpo humano comum) e grande sacrifício provavelmente lhe custou utilizar esse corpo mesmo quando mais sensível, segundo a forma humana comum.

Esse corpo purificado, Jesus herdara de seus Progenitores, previamente selecionados pelo Alto e dotados de condições físicas e morais apropriadas ao caso.

No túmulo, como também foi ensinado, esse corpo, martirizado na cruz, foi consumido e desfez-se em fulgurações luminosas que desceram sobre o sepulcro, no momento em que ali se realizava uma concentração de preces por amigos e servidores seus, a mesma fulguração que derrubou a pedra que fechava o túmulo e rompeu os selos nela colocados pelos agentes do Sinédrio.

Isso aconteceu assim, justamente porque não se tratava de um corpo de carne comum, igual ao nosso, de vibração pesada e densa. (Resposta extraída da coluna "Esclarecendo", de Edgard Armond, publicada em *O Trevo* nº 8, de outubro de 1974)

Parte B

A História da Escola de Aprendizes do Evangelho

1

A Fraternidade Essênia

No esforço das realizações evangélicas é instrutivo relembrar a existência e a cooperação da comunidade essênia.

Nessa linha de tradição cristã, que vem de Moisés, os essênios foram realmente precursores.

Herdeiros diretos dos verdadeiros ensinamentos desse grande missionário, amplamente deturpados por conveniências clericais da época, mantiveram-se afastados da vida pública da nação israelita, isolados nas montanhas palestinas, fenícias e arábicas.

Fiéis à tradição mosaica e às profecias, aguardavam, como os demais, o advento do Messias, em sua última manifestação terrena; e, quando esta se deu, com Jesus de Nazaré, desde os primeiros instantes o ampararam, principalmente na sua infância e adolescência, sempre rodeada de perigos e incertezas.

Foram precursores porque, ainda antes do nascimento, viviam de conformidade com as leis de amor e de justiça que Jesus, mais tarde generalizou, resumindo-as no lema "paternidade de Deus e irmandade dos homens".

Utilizavam amplamente a mediunidade, que entre eles teve larga e alta expressão, nas escolas iniciáticas que mantinham nos seus diferentes mosteiros e recolhimentos de assistência pública; com acertada visão afirmavam que as faculdades se desenvolviam melhor, segundo o grau de amor e sensibilidade demonstrado pelos alunos.

Outro não foi o ensino dado na Escola de Aprendizes do Evangelho, criada em 1950, que estabeleceu, como condição essencial de aproveitamento e formação doutrinária dos adeptos, a Reforma

Íntima, sem a qual não pode haver espiritualização, nem desenvolvimento perfeito de faculdades mediúnicas que a evangelização, de muitas formas, facilita. (Texto de Edgard Armond publicado no livro *Enquanto é Tempo*)

2
Aprendizes do Evangelho

Para situar o Espiritismo à vontade em relação aos conhecimentos e tradições religiosas da humanidade, duas coisas foram também realizadas com desassombro: uma, no campo externo — a publicação de vários livros de formação cultural-doutrinária: *Os Exilados da Capela*, em 1949, e *Na Cortina do Tempo*, em 1962, mostrando os albores das civilizações primitivas, seu intercâmbio com outros orbes, assuntos estes que, atualmente, estão sendo afoitamente tratados em obras "best-sellers" por escritores estrangeiros renomados; e no campo interno, no cumprimento do programa do Alto, criou-se a Escola de Aprendizes do Evangelho, órgão primeiro de uma Iniciação Espírita de larga esfera de ação, com base no Evangelho Cristão; e uma série de 21 livros didáticos, parte deles para uso da referida Escola e parte para a Fraternidade dos Discípulos de Jesus, termo global da Iniciação referida.

Nessa Iniciação foram oferecidos conhecimentos espirituais mais amplos, com predominância do que foi estabelecido para a Reforma Íntima dos adeptos, base insubstituível da evangelização, a seu turno condição fundamental da redenção espiritual do homem encarnado.

No planejamento dessa Iniciação surgiram dificuldades no processo a adotar para se conseguir executar a Reforma Íntima, valendo-se, por fim, da caderneta pessoal usada pelos antigos Essênios, no tempo de Jesus, descrita no livro *Harpas Eternas*, de Hilarion do Monte Nebo, contemporâneo e servidor de Jesus naqueles tempos, livro esse que lhe foi enviado da Argentina, pelo Autor, antes do lançamento; com algumas alterações e adaptações, o sistema foi adotado com excelentes resultados.

Na criação dessa Iniciação, tinha-se também em vista unir os adeptos por uma mística religiosa cristã, visando à redenção espiritual de cada um, convenientemente adequada à mentalidade moderna e à racionalidade da Doutrina Espírita, o que até o presente tem sido êxito indiscutível na Federação, mas prejudicado fora dela devido, de uma parte, aos temores de lançarem-se os dirigentes, desassombradamente, à expansão, e, de outra, à negligência existente entre os espíritas do sexo masculino em relação à evangelização, **objetiva e deliberadamente conduzida**, sendo esse, em grande parte, um dos motivos do retardamento da expansão do Espiritismo em nosso País. (Texto de Edgard Armond publicado em *O Trevo* nº 106, de dezembro de 1982)

3
Novos Métodos de Ação

Para se fixar o caráter verdadeiramente espiritual, imprimindo tal sentido não só à propagação, como à formação espiritual dos adeptos, criaram-se, como já dissemos, a partir de 1950, cursos e escolas especializados, cujo tipo padrão é a Escola de Aprendizes do Evangelho, cujas características são: uma iniciação espírita de caráter religioso, apta a fornecer conhecimentos exatos e orientar realizações construtivas nesse setor, em caráter aberto, popular, sem restrições de qualquer espécie, com base na **Reforma Íntima**, visando as transformações morais que o Evangelho exige, porque esta é a finalidade fundamental da Doutrina, e sua tarefa mais urgente no momento apocalíptico, de transição cíclica, que o mundo enfrenta em nossos dias.

E porque o Evangelho, tanto nas realizações internas, como nas do campo exterior, é ação realizadora e não somente interpretativa ou platônica; e como a propagação se ressentia de uma objetividade mais direta e expressiva, deu-se a essa reforma o caráter compulsório, com métodos e programas adequados, que satisfizessem o ideal de todos aqueles que desejassem a evangelização *em espírito e verdade*, para evoluírem mais depressa e concorrerem desde logo para que a missão redentora da Doutrina se efetivasse no mundo com mais eficiência e rapidez.

Essa iniciação, configurada em uma escola de preparação de servidores e uma fraternidade de discípulos, de certa forma e dentro dos limites que pode abranger, representa uma valiosa fonte de realizações e sua organização assegura um fluxo contínuo e volumoso de servidores, na forma adotada de turmas anuais independentes, sucessivas e múltiplas.

E o número dos que já passaram por ela e os resultados que já pôde apresentar, na feição qualitativa principalmente, provam que o sistema é válido, hábil e eficiente, podendo com tempo e desdobramento de suas atividades, concorrer à solução de problema de tal magnitude.

Por outro lado, adotando como seu Estatuto, o Sermão do Monte, a Escola define seu caráter em profundidade e marca muito alto seus objetivos, lutando por um Espiritismo autêntico e atuante no campo das realizações morais das quais, mais que nunca necessitam os homens deste século.

A Escola executa uma obra que dia-a-dia se afirma mais ampla e benéfica à propagação do Evangelho cristão, em espírito e verdade e à orientação espiritual dos adeptos; e os que por ela já passaram e se tornaram *discípulos* serão arautos e testemunhos vivos dos ensinamentos, dos exemplos e dos métodos utilizados pelos seguidores de Jesus no tempo que viveram.

Considere-se o que pode produzir o semeador no arroteio do seu campo e no vulto da colheita; ou o homem animado de boa vontade e de fé robusta, utilizando a força da palavra e do exemplo; e multiplique-se isso por milhares! Essa será uma força que mudará muita coisa para melhor no entendimento e na vivência do Evangelho e no êxito do Espiritismo como Terceira Revelação.

A Escola vem preparando legiões de trabalhadores fiéis e corajosos, aptos à semeadura, no coração dos homens, das verdades redentoras e isso é o que vem sendo feito há mais de três décadas, produzindo resultados surpreendentes cuja extensão ainda não se pode medir.

Reformar-se e instruir-se para depois, como discípulo, ajudar seus semelhantes a se evangelizarem e se redimirem, eis a meta decisiva desta iniciação espírita, a que todos os aprendizes obedecem, por amor ao Cristo e ao mundo, que é a arena imensa de sua tarefa nobilitante. ("Novos Métodos de Ação", texto de Edgard Armond no livro *Enquanto É Tempo*)

4
Concepção da Escola

Em entrevista a *O Trevo* nº 17, de julho de 1975, Armond comenta que em 1947, quando lançou seu primeiro livro, *Mediunidade*[6], já havia preparado um condensado de *O Redentor*, que se intitulou *A Vida de Jesus*, que futuramente iria integrar o curriculum da Escola de Aprendizes. "Quer dizer que em 1947 o senhor já planejava a Escola?", perguntou Jacques Conchon. "Sim. Não propriamente como uma escola, mas já visualizávamos um movimento de evangelização em largas proporções", respondeu Armond.

5
No 25º Aniversário da Escola de Aprendizes do Evangelho

O Trevo nº 18 – agosto 1975
Edgard Armond

[6] O título do texto inicial era Mediunidade – Tratado.

Neste ano de 1975, quando a Escola de Aprendizes do Evangelho alcança um quarto de século de atividades doutrinárias construtivas e benéficas, convém tecer alguns comentários, em complementação a inúmeros outros anteriormente publicados.

A Escola foi criada em 1950 e, desde então, passaram por ela milhares de alunos — e continuam a passar — e somente louvores se ouvem sobre sua existência e benefícios que espalha no setor evolutivo, promovendo atividades indiscutivelmente justas e proveitosas que amplamente justificam sua criação.

Na sua organização cultural-religiosa, o processo adotado para a evangelização foi o da Reforma Íntima compulsória que, naquela época, como ainda hoje, foi julgada a mais indicada e conveniente.

Esse processo, no lançamento da Escola, mereceu críticas de confrades que não concordavam com ele, alegando que atentava contra o livre-arbítrio individual, porque a evangelização, diziam, é de alçada particular de cada um, não sendo preciso criar escolas para isso.

Mas, com o passar do tempo, e examinando melhor as coisas, essas opiniões foram se modificando ao verem todos que no processo não havia forçamento algum de consciência como supunham, mas, bem ao contrário, plena liberdade de decisão e de escolha, visto que nela somente se inscreviam pessoas idealistas e interessadas em conduzir sua evolução por si mesmas e concordavam com seu programa e finalidades claramente expostos, aliás, no 1º Tomo da *Série Iniciação Espírita*, que saiu naqueles dias.

Surgiram também críticas isoladas de refratários a esse processo de evangelização a portas abertas; e ainda alguns outros, que divergiam por preferências aos dois outros setores da Doutrina, científico e filosófico, mais atraentes e menos exigentes ao foro íntimo.

E, ainda, por último, alguns que até hoje existem e que negam a evidência de sua utilidade mais que demonstrada, fazendo-lhe reparos inconsistentes.

Mas essas reservas são naturais e compreensíveis, considerando-se a extensão do campo doutrinário e a liberdade que a todos é assegurada de opinar e aceitar o que mais agrada, mas o certo é que essas reservas não influíram na aceitação da Escola, que vem sendo compreendida e apoiada por milhares de alunos que já passaram por ela neste longo tempo transcorrido e continuam passando.

O Evangelho de Jesus ensina que os homens "moralmente velhos" devem transformar-se em "novos", isto é, recuperados, evoluídos, e essa recomendação, como é natural que o seja, é também da própria Doutrina, desde sua codificação.

Mas, para que a transformação se torne efetiva, exige a eliminação de vícios, defeitos, máculas, costumes e hábitos ruinosos, porque esse "homem novo" deve ser purificado de suas imperfeições e impurezas, nem de outra forma jamais existiria transformação que o Divino Mestre recomendou, a não ser pela continuidade das reencarnações punitivas.

E para que seja verdadeira essa transformação, deve também ser geral, operando-se de dentro para fora, no mais íntimo do ser, com o respaldo indispensável e prévia opção do candidato no ato da inscrição.

A Reforma Íntima, feita desta ou de qualquer forma, é, portanto, o processo natural e lógico da transformação, cujos efeitos irão se manifestando aos poucos nos sentimentos, nos pensamentos e nos atos exteriores. Na sua realização positiva e verdadeira é que estão as dificuldades...

❖

Para se obterem esses resultados positivos, o processo, àquela época, foi adotado e programado de forma a que o esforço a despender pelos alunos fosse amenizado, diluído, se se pode assim dizer, no currículo escolar; ocorresse integrado no próprio funcionamento da Escola, com utilização de vários elementos de apoio e auxílio individual como, por exemplo, os testes periódicos de controle, a caderneta pessoal, os exames espirituais, os atendimentos de necessitados na própria Casa, além de outros, evitando-se assim que o aprendiz ficasse, desde o início, entregue a si mesmo, frente a uma autorealização como essa, de vulto tão considerável e até mesmo desanimadora em certas ocasiões.

E assim foi feito. Agora, olhando para trás, vemos que a aceitação persiste e amplia-se, e os resultados são sempre positivos e seguros, podendo-se, pois, concluir que os fins propostos e visados têm sido atingidos, com um teor médio de perfeição relativa bastante apreciável, salvo poucas exceções, não atribuíveis à Escola mesma ou ao processo, mas, sim, à falibilidade humana, de aprendizes ou de dirigentes.

O índice de aproveitamento cultural foi bom, mas, muito melhor, o das transformações morais — que é o fundamental — obtidos pela quase totalidade dos alunos, a maior parte dos quais modificou realmente sua conceituação de vida, afinando-se bem com os ensinamentos do Divino Mestre, muitos deles produzindo, no meio social, obras meritórias, praticando uma vivência evangélica conscienciosa e racional, bastante aproximada daquela que o Evangelho aponta e exige dos servidores "escolhidos".

Pode-se dizer que todos os alvos e finalidades da Escola foram atingidos, salvo poucas exceções, tanto na Federação Espírita do Estado — onde foi criada — como fora dela; e, aqui e ali, seu número aumenta amplamente e as turmas se sucedem umas às outras, com inscrições espontâneas e mais ou menos numerosas, segundo o vulto do movimento da Casa onde funcione.

❖

Um quarto de século de aceitação pública e de resultados bastante apreciáveis, individual ou coletivamente, devem ser suficientes para provar que este tipo de escolas são instituições respeitáveis e proveitosas, que merecem ser incentivadas, multiplicadas e protegidas em nosso País, para a mais ampla e perfeita difusão da doutrina dos Espíritos neste setor religioso que, no momento que vivemos, é, inegavelmente, o mais importante.

Para julgar uma instituição como esta, o exigível será medir sua capacidade de reformar os homens, purificando-lhes a alma, impulsionando-os na evolução, pois que esta é a transformação a que o Divino Mestre se referiu.

E para os 25 anos de bons resultados e benefícios que a Escola produziu, esta deve ser a vara de sua medida.

Por ela, pois, podemos repetir a legenda estimuladora:

Fiat Eximia[7]

e Objetivo

6
Escola de Aprendizes do Evangelho: Origem e Objetivo

A origem da Escola de Aprendizes está ligada à proposta do Espírito Razin de implantar o Evangelho nos corações. A EAE visa a dar condições a seus frequentadores de se tornar, a cada dia, seres mais espiritualizados, cristãos cada vez mais fraternos na comunidade. Com o exemplo dessa vivência, ela visa a espiritualização do ser humano. Nesse quadro, a Reforma Íntima é o processo mais importante para a espiritualização proporcionada pelo conhecimento da mensagem de Jesus. Esse objetivo deve ficar claro ao aluno desde a Aula Inaugural da EAE.

Nos anos 1940, quando o comandante Edgard Armond conduzia o trabalho de Vibrações na Federação Espírita do Estado de São Paulo, Espíritos da Fraternidade do Trevo se aproximaram para explicar que o sofrimento da humanidade decorre de o ser humano

[7] Faça-se sempre o melhor.

não conhecer a mensagem de Jesus, fixando-se apenas na personagem histórica. O programa da EAE surgiu, assim, como proposta de um processo de vivência do Evangelho. (Trecho do texto "1º Seminário 96: Escola de Aprendizes", publicado em *O Trevo* nº 260, de fevereiro de 1996)

7
Escola de Aprendizes do Evangelho: Encontro com as Origens

A década de 1940 pode ser considerada um "período abençoado" no Espiritismo. Foi o período em que Edgard Armond transformou a forma de atuação da Doutrina. Até então o Espiritismo era o de gabiente, fechado a poucos, que tivessem convites ou senhas. O Comandante organizou na Federação Espírita do Estado de São Paulo (Feesp) a Assistência Espiritual com passes padronizados. Os Cursos de Médiuns se iniciaram. E foi estruturado o programa da Escola de Aprendizes do Evangelho.

Esses arrojados programas abriam o Espiritismo para todos. A Doutrina deixava de ser restrita a um grupo de intelectuais. Ao final da década de 1940, o Espiritismo estava oferecendo consolação. Faltava, porém, a prática da transformação moral, o crescimento em direção ao ideal de Reforma Íntima.

Com a assistência do plano espiritual, Armond se dedicou a finalizar o programa para realizar esse objetivo.

No início de 1950 começou a organizar uma reunião inicial, de comunicação dos propósitos da Escola de Aprendizes do Evangelho na sede da Feesp...

A Escola de Aprendizes do Evangelho surgia como contribuição ao movimento de renovação e ressurgimento espiritual, a caracterizar a transição da Terra de mundo de expiações e provas para planeta de regeneração. Transição que deve se estender por 150 anos, segundo dizia Armond, o que foi confirmado por mensagens transmitidas por Chico Xavier há alguns anos e novamente ratificado mais recentemente, da espiritualidade, por Valentim Lorenzetti, um dos fundadores da Aliança, que desencarnou em 1990. Os primeiros 50 anos se encerram agora, em 2000.

A EAE ia "de vento em popa". Mas Armond notava que as aulas assumiam feição um pouco perigosa. Os ensinamentos de Jesus eram comentados, discutidos, em autênticas tertúlias. O trabalho se encaminhava mais para a essência do que para a vivência. Armond se questionava: o que fazer para trazer à tona o compromisso básico da reforma moral? Para comentar as parábolas não era necessário haver a Escola de Aprendizes do Evangelho. O objetivo central — de transubstanciar a letra em realidade interna — estava sendo esquecido.

Em casa, o comandante percebeu a presença do venerável da Fraternidade do Trevo, que desde o início da organização da Escola estava presente. O Espírito Razin sugeriu que se seguisse o exemplo dos essênios, fraternidade que amparou Jesus em sua missão na Palestina. Inspirou a leitura do livro *Harpas Eternas*, no qual está detalhada a iniciação essênia.

Iniciação Essênia

O primeiro grau era o da hospitalidade e do silêncio. Hospitalidade, para que se exercitasse a abertura ao semelhante. O silêncio, para que se valorizasse a palavra. Tanto que os essênios se saudavam com a mão fechada, o indicador erguido, não em riste, sobre a boca. O gesto que costumamos relacionar com o ficar quieto. O segundo grau era o do serviço. E o terceiro, do discipulado.

Jacques relembrou a passagem, em *Harpas Eternas*, na qual Elcana se dirige ao mosteiro essênio de Moab para comunicar o nascimento de Jesus. Lá, foi convidado a um período de clausura, de dois a no máximo sete dias, para uma retrospectiva da própria vida em que pesaria se passaria ao grau seguinte da Fraternidade. "Todos levavam placas de madeira ou pergaminhos para fazer anotações." Daí surgiu o instrumento Caderneta Pessoal na Escola de Aprendizes do Evangelho.

Quando o essênio saía desses dias de clausura, era arguido por um grupo de integrantes experientes da Fraternidade as anotações eram avaliadas. Com esse procedimento, os essênios eram levados a pensar sobre si mesmos permanentemente. "Estou caminhando? Como estou?" Em vez da utilização concentrada na passagem de grau, Armond considerou mais proveitoso que a Caderneta Pessoal pudesse ser utilizada ao longo do tempo, sem se fixar num certo período para que o benefício do seu uso também não se restringisse.

Sem academia

A Caderneta Pessoal, com o tempo, se revelou ferramenta valiosa para evitar que a Escola de Aprendizes resvalasse em mais um curso de cores acadêmicas. Do início da utilização desse instrumento até a fundação da Aliança, apenas o próprio Edgard Armond era quem fazia a análise meticulosa de cada Caderneta Pessoal e coordenava o exame espiritual de postulantes ao ingresso na Fraternidade dos Discípulos de Jesus. Havia épocas em que todas as turmas somavam 400 Cadernetas Pessoais. O Comandante dava uma "passada d'olhos" e as deixava "de molho" por uma semana. Depois, buscando apoio firme do Plano Espiritual, procedia às análises. Ao final, sempre deixava anotações genéricas, sem ser diretivo aos alunos.

Com a fundação da Aliança, Armond passou essa incumbência ao Jacques, primeiro diretor geral da AEE. Jacques questionou o Comandante: "Mas com que autoridade? Com que recursos?" Armond respondeu: "Cada qual executa da forma que pode, com as próprias referências". Mas ofereceu linhas gerais para a análise de Cadernetas Pessoais. "Ao examiná-las não entrar na intimidade dos atos, mas avaliar se a pessoa teve preocupação com a Reforma Íntima. Não se julgam atitudes, intenções, pensamentos."

Trabalho em Conjunto

Prevendo a expansão da Aliança, Jacques enxergou a oportunidade de um trabalho em conjunto. Solicitou a cada Casa do movimento nascente que apresentasse um nome que deveria ajudar. Foi ressaltada a responsabilidade dessa tarefa. E transmitidas as diretrizes básicas. Para o ingresso na FDJ, era imprescindível avaliar apenas o esforço e a seriedade do aluno ao lidar com a renovação interior com anotações sinceras, demonstrando autoreconhecimento.

O companheiro Flávio ressaltou que, na trajetória do aluno registrada na Caderneta Pessoal, a constatação de vícios e defeitos é um mérito. "É muito perigoso indicar ao aluno o que ele deve fazer", ressaltou. Com a Aliança, de 1973 a 1988, o dirigente passou a recolher a Caderneta Pessoal a cada passagem de ano. Em 1988, com a reforma de estatutos da Aliança que organizou as Regionais, foi estabelecido o recolhimento trimestral para acompanhamento.

Nos 15 anos iniciais, o exame espiritual para ingresso na Fraternidade dos Discípulos de Jesus trabalhava com três grupos mediúnicos, formados por colaboradores de vários Centros. Com cada um deles, em separado, ficavam os companheiros Jacques, Flávio e Valentim. Nas passagens para a FDJ não foram poucas as oportunidades em que as Cadernetas Pessoais de alunos de Centros distantes de São Paulo foram remetidas para análise e um grupo de voluntários se encaminhava até lá para os exames e os procedimentos de ingresso.

Culto Interior

Os assuntos verificados junto ao Plano Espiritual: Reforma Íntima, serviço (trabalho e dedicação) e conhecimento doutrinário. Embora ninguém possa se dizer "doutor em Espiritismo" por haver lido as obras de Allan Kardec na Codificação, os romances históricos de Emmanuel e a série de André Luiz, sem dúvida estas obras ampliam a lucidez e preparam as pessoas, pelo fortalecimento da fé, a compreender seus compromissos nesta existência. O "Espírita" no nome da Aliança Espírita Evangélica designa justamente isto: qual a referência no campo do conhecimento para se lançar no caminho de redenção espiritual. Principalmente quando houver dúvida, afirmava Armond.

Espiritismo é religião de culto interior. Não há lugar para objetos externos como imagens, pêndulos, florais, tarô, cristais e congêneres. "O estudo de *O Livro dos Espíritos* dentro das EAE é uma das boas coisas que tenho encontrado", disse Jacques…

Ingresso na FDJ

Jacques lembrou que na espiritualidade o cristão não é avaliado pelo que já conquistou. "Bom perante Deus é quem está crescendo. De quem mais tem, mais se espera. Importa o que se está fazendo para se vencer." Quando a pessoa passa a se aceitar, se aceita como é. Quando se declara na Caderneta Pessoal, passa a reconhecer e dar franco combate ao inimigo interior. O companheiro Eduardo ressaltou que, embora pareçam simples formalidades, os seis testes distribuídos ao longo do curso e as notas de cada passagem de ano, marcar a data de início do período probatório de 90 dias, refletem condutas e comprometimento com o programa. Eduardo sugeriu que os avaliadores podem e devem se comunicar para conversar sobre determinadas situações.

O companheiro Milton, da Regional ABC, relembrou que o Caderno de Temas e a Caderneta Pessoal são instrumentos que andam juntos. Outra questão a Jacques: "E a atitude de vacilar na análise da Caderneta Pessoal, deixando 'na mão' do Plano Espiritual a definição sobre o ingresso na FDJ?" "Comodismo", respondeu Jacques.

Jacques relembrou que o processo de ingresso começa com uma triagem inicial, realizada pelo próprio dirigente da turma, "o primeiro entre iguais no que se refere ao processo de Reforma Íntima", definiu. Com a experiência de quem cooperou na análise da Caderneta Pessoal até a metade dos anos 1990, Jacques relatou até casos de entrega de Cadernetas em branco. Avaliar que elas não estão aptas não significa reprovação do aluno: é simplesmente extensão do período probatório, quando o aluno deve ficar entregue a si mesmo, distante do amparo da turma. "Quando se parte para a seara, não haverá o mesmo apoio", disse Jacques. Muitas vezes isso reverte para o bem das próprias pessoas, embora muitos vejam nessa recomendação a pecha do fracasso.

Fim da Caderneta?

As impropriedades a respeito da Caderneta Pessoal também foram abordadas por Jacques. Houve duas vezes em que se tentou abolir a Caderneta Pessoal. A primeira, ainda na época da Federação. A segunda, já na Aliança, um grupo se colocou contra este instrumento. Nas duas ocasiões, Armond utilizou o mesmo argumento: "Quem tiver algo melhor, para cumprir todos os mesmos objetivos, que apresente". Não houve resposta satisfatória a essa proposição.

Jacques insistiu em que a Caderneta Pessoal deva ser tratada com seriedade. Em algumas turmas que visitou, constatou certo "clima de fuga", em que o assunto era tratado com gracejos. "A Escola de Aprendizes do Evangelho encerra um compromisso do indivíduo consigo mesmo, do qual a Reforma Íntima se faz uma obrigação imposta por nós mesmos para nos melhorarmos." Flávio insistiu que os dirigentes e os discípulos devem continuar utilizando a Caderneta Pessoal e ressaltou a importância das reciclagens sobre o assunto em cada Casa Espírita.

Novos dirigentes

O companheiro Eduardo destacou a importância do processo de seleção do dirigente da Escola de Aprendizes do Evangelho. "O curso de formação de dirigentes se constitui numa apresentação de princípios, não transforma ninguém magicamente." Eduardo afirmou que os Grupos devem evitar escolher de improviso as pessoas para essa função. Os frutos serão observados adiante. Cada pessoa tem como referência da EAE a turma que viveu.

Foi perguntado a Jacques como o Comandante lidava com a questão dos novos dirigentes, já que ele não foi o único dirigente de Escolas na Federação. Antes de mais nada, dizia, era necessário que fosse discípulo, indicativo de ter passado por todas as experiências da EAE com êxito. Armond buscava pessoas com serenidade e equilíbrio. Para o Comandante, o discípulo e também o servidor eram pessoas que estavam à frente, desbravando terrenos para a melhoria do mundo. Na escolha de novos dirigentes Armond nunca prescindiu da opinião do Plano Espiritual.

Vícios no grau de servidor

A questão dos vícios como restritiva na passagem ao grau de servidor também foi transmitida a Jacques. "Quem não pode o pouco não pode o muito", afirmou, a respeito dos vícios corporais — fumo, consumo de bebidas alcoólicas de forma regular, compulsão ao jogo.

Vencidas essas dificuldades, o servidor conta com estímulo também para os mais graves, afirmou.

O companheiro Jaime afirmou que muitas vezes "essa barreira significa um estímulo para que a pessoa pare com esses vícios". O companheiro Eduardo relembrou que o *Guia do Aprendiz* trata desse assunto indicando ser o primeiro ano da Escola como o período mais proveitoso para atuação nesse campo.

O problema da evasão

O companheiro Roberto expôs o problema. Constata-se uma evasão considerável nos primeiros 12 meses de ingresso na FDJ, um problema que se remete à época de Armond. O Comandante insistia ser necessário manter a "chama do ideal". A forma para isso não foi encontrada, mas Jacques afirmou estar convencido que a solução para isso é criar momentos em que os discípulos possam convergir para trocar experiências em exercícios de vida plena, um acessório, aliás, essencial para o registro na Caderneta Pessoal. Importante também é que o espaço esteja aberto também para discípulos que não estejam engajados em alguma atividade.

Com relação a companheiros da chamada "linha de frente" que deixaram atividades relacionadas à Doutrina Espírita, Jacques realçou que "o Espiritismo trouxe mensagem de libertação. Cada um é livre, pois cada um responde pelos próprios atos".

Ao encerramento da reunião, Jacques comentou que todos saíam "com muito a ser refletido". Solicitou que os participantes sejam multiplicadores do assunto, a fim de, divulgando, expandi-lo para alcançar os objetivos de manter o ideal da Escola de Aprendizes do Evangelho. (Trechos de texto publicado em *O Trevo* nº 308, de fevereiro de 2000)

8
Da Estruturação à FDJ

O desenvolvimento dos trabalhos da estruturação do programa da Escola de Aprendizes do Evangelho estava sendo concluído por volta de 1949. Em 6 de maio de 1950 era aberta a primeira turma da Escola de Aprendizes do Evangelho na Federação Espírita do Estado de São Paulo. O fato mais marcante desta primeira turma foi Edgard Armond matricular-se nesta mesma escola com a ficha de inscrição de número um.

Embora o programa inicial tivesse sido estruturado e submetido às orientações do Plano Espiritual Superior, por meio de mensagens mediúnicas, durante o desenvolvimento dos trabalhos, logo observou-se a necessidade do seu aprimoramento. Após a conclusão do ciclo de estudo e trabalho em 1952, houve um espaço de tempo até o ingresso na FDJ em 1954. Armond acabou estendendo o programa de aulas, sem contar o período probatório, que os participantes cumpriram para posteriormente inaugurar o ingresso da 1ª turma da EAE na Fraternidade dos Discípulos de Jesus no plano encarnado. No ano de 1967, por problemas de saúde, se afastava dos trabalhos da Federação.

(Trechos do texto “Escola de Aprendizes do Evangelho — Súmula do Curso de Dirigentes de EAE”, de Taqueo Kusaba, publicado em *O Trevo* nº 329, de março de 2002).

Parte C

Textos de O Trevo

1
Mal Comparando...

O Trevo nº 6 – junho/julho 1974
Edgard Armond

Relembrando fatos da história do cristianismo, citamos Paulo de Tarso, na sua luta ingente de propagação dos ensinamentos de Jesus, nos países situados atualmente ao sul da Europa e na Ásia Menor, exigindo dos conversos pagãos, denominados "messianitas", que não atentassem para as exterioridades, os ritos, as formalidades do judaísmo, mas sim para a pureza e verdade dos ensinamentos do Divino Mestre, do qual era apóstolo por indicação direta, cuidando com rigor da purificação de suas almas, para serem dignos do reino prometido.

Ao organizar as congregações cristãs nos caminhos que infatigavelmente percorria, legislava severamente sobre a conduta moral, sem outras quaisquer preocupações, mesmo sabendo que a cúpula dirigente de Jerusalém, ainda achegada à Thora, condenaria suas atitudes.

Desta forma seu trabalho floresceu e grande parte lhe cabe na sobrevivência do cristianismo no mundo.

E, se não tivesse havido tais exigências, que teria acontecido? Esses ensinamentos, de caráter universal, poderiam ter sido preservados e propagados através do judaísmo?

Certamente que não, pois inútil seria estabelecer uma doutrina de acomodações, preconceitos e conveniências próprias de uma religião particular.

E agora surgem perguntas vindas de confrades espíritas, ainda não devidamente penetrados do sentido espiritualizante e redentor do Evangelho, nos seguintes termos:

P — Não seria mais natural e conveniente viver como espírita, sem as exigências, que redundam sempre em sacrifícios e renúncias, como constam dos programas da Escola de Aprendizes do Evangelho?

R — Claro que seria; mas, neste caso, onde ficaria a evangelização indispensável? E como fazê-la, sem eliminar vícios e defeitos, maus costumes e perversões e outras imperfeições que caracterizam os habitantes deste nosso atormentado planeta de provas e expiações?

Se se prefere a vida despreocupada, livre das contenções do auto-aperfeiçoamento, por que filiar-se ao Espiritismo? Ou ignoram que ele veio para orientar e auxiliar os homens nas expiações e nas provas, e que, justamente por isso, representa o Paracleto e o Consolador?

Poderíamos remeter os consulentes às páginas do livro *Guia do Aprendiz*, onde este assunto está detalhado, mas aproveitamos esta coluna, aberta e livre, deste jornal novo e devotado especialmente à evangelização.

Assim como sucedeu no início histórico do Cristianismo, sucede agora com o Espiritismo: lá, efetivou-se a propagação, desprezando-se limitações ortodoxas estreitas e violentas; aqui, desprezando-se preconceitos e conveniências pessoais, estabelecem-se sistemas mais objetivos e adequados de efetivar-se a evangelização dos seguidores do Divino Mestre.

Naquela época as exigências eram necessárias para fixar a respeitabilidade do novo ensinamento e implantá-lo no mundo, enquanto que hoje as mesmas exigências são necessárias para sua consolidação pela exemplificação, nos termos, aliás, do próprio Evangelho.

As exigências de Paulo asseguraram, em grande parte, a expansão do Cristianismo nascente, desconhecido e combatido, enquanto as de hoje, com base nessa exemplificação, visam a preservação do próprio Espiritismo, face ao materialismo, à corrupção e os negativismos generalizados e, mais diretamente, à redenção humana pela Reforma Íntima dos adeptos.

2
Visitas Fraternas

O Trevo nº 10 – dezembro 1974

Os dirigentes de Escolas de Aprendizes do Evangelho devem valorizar o programa de visitas a outros Centros Espíritas, para que realmente se estabeleça uma aliança sólida, aliança fraterna. A própria Aliança Espírita Evangélica.

Nota-se que os próprios alunos vão se entusiasmando pelas visitas. Aqueles que participam de uma contam os resultados aos demais e contagiam outros. Na próxima visita, percebe-se que é maior o número de participantes.

Quem participa de uma visita a outro Centro Espírita dentro dessa programação fica realmente entusiasmado. Sente-se no ar a alegria do encontro. Embora muitas vezes as palavras não consigam expressar o que nos inunda o coração, percebe-se que os sentimentos fraternos realmente extravasam.

O programa de visitas da Aliança é o próprio Espiritismo aplicado. É a aplicação de um dos três elementos essenciais da Doutrina: a solidariedade. O trabalho, outro dos elementos, de uma forma geral já vem sendo executado pelos grupos integrados, cada qual dentro de suas possibilidades. A tolerância é decorrência do trabalho e da solidariedade.

Acontece, contudo, que muitas vezes nos envolvemos no trabalho a ponto de até ignorar que existem, em outros Centros, irmãos ansiosos por trocar uma palavra de amizade. Daí a importância das visitas: estímulo à solidariedade e transferência das experiências adquiridas no trabalho.

3
Reforma Íntima em 6 Perguntas

O Trevo nº 11 – janeiro 1975

1) O que é a R.I.?

R — A R.I. é um processo contínuo de conhecimento de nós mesmos, da nossa intimidade espiritual, adaptando-nos progressivamente na vivência evangélica, em todos os sentidos da nossa existência. É a transformação do homem velho, carregado de tendências e erros seculares, no homem novo, trabalhando ativamente na implantação dos ensinamentos do Divino Mestre, dentro e fora de si.

2) Por que a R.I.?

R — Porque é o processo mais objetivo de nos integrar, participando dos programas cíclicos, estabelecidos nos Planos Espirituais, de redenção da humanidade terrestre, no porvir do Terceiro Milênio, aonde as últimas oportunidades são dadas aos homens para se conduzirem definitivamente dentro do Evangelho.

3) Para que a R.I.?

R — Para colocar em condições aqueles que, realmente já sensíveis e desejosos daquela integração, possam responder ao chamamento com a sua testemunhação, com o seu trabalho, enfileirando-se ao lado dos batalhadores das últimas horas.

4) Onde fazer a R.I.?

R — Primeiramente dentro de nós mesmos, cujas transformações se refletirão em todos os campos da nossa existência, no nosso relacionamento com os familiares, com os colegas de trabalho, com os amigos e inimigos e ainda nos meios em que colaboramos desinteressadamente nos serviços ao próximo.

5) Quando fazer a R.I.?

R — A época é agora, não há mais o que esperar, o tempo urge e todos os momentos são preciosos para as conquistas que precisamos fazer no nosso íntimo.

6) Como fazer a R.I.?

R — O primeiro passo é inscrever-se numa Escola de Aprendizes do Evangelho, aonde o iniciante é conduzido lenta e progressivamente ao trabalho de Reforma Íntima com base nos ensinamentos evangélicos, dentro de um programa de dois anos e meio, em que estágios são gradativamente alcançados pela apuração de testes, avaliação de aproveitamento escolar e moral, e pelos serviços prestados ao próximo.

O desejo sincero de melhorar-se e o esforço dos aprendizes nesse trabalho têm recebido nas EAEs as manifestações de apoio e a cobertura vibratória das entidades espirituais que trabalham com intensidade, nos Planos Maiores, nesse grande programa de implantação do Evangelho entre os homens.

Daí por diante, o trabalho continua e não mais termina, pois a nossa caminhada é longa, em direção à perfeição, e é feito por conta própria, com programas próprios, em pleno uso do livre-arbítrio individual.

4
Caravanas de Evangelização e Auxílio

O Trevo nº 19 – setembro 1975
Flávio Focássio

Não faz três anos ainda que o dr. Adolfo Bezerra de Menezes sugeriu a realização, pelos alunos da Escola de Aprendizes do Evangelho, de trabalho denominado: Caravana de Evangelização e Auxílio.

As caravanas, que atingem os bairros pobres e as favelas, têm por escopo levar ensinamentos evangélicos aos nossos irmãos que ainda não estão em condições de assistir regularmente, em Casa Espírita, às aulas da Escola de Aprendizes.

Além disso, podem-se levar ensinamentos sobre economia doméstica, higiene e outros que caracterizam o serviço de assistência social prestado pelos alunos.

Entendemos que propositadamente o nome evangelização vem antes da palavra auxílio, porquanto o que realmente interessa é o ensinamento evangélico. Importa, acima de tudo, preparar os indivíduos, aprestá-los para enfrentarem suas dificuldades e não simplesmente resolvê-las para eles, o que seria incorreto de nossa parte e totalmente improdutivo.

Em determinados casos, ou talvez, na sua maioria, não nos iludamos: não se trata propriamente de exigir-lhes Reforma Íntima de profundidade, já que as pessoas necessitadas são carentes de compreensão em decorrência de seu atual estágio evolutivo, porém, se conseguirmos que não mais aumentem seus compromissos perante as Leis Divinas, teremos alcançado a meta visada.

A verdade é que, em pouco tempo, já se podem aferir resultados alentadores.

Em sua maioria, as casas espíritas que adotaram as Escolas de Aprendizes do Evangelho, segundo o programa elaborado pela

Aliança Espírita Evangélica, já têm suas caravanas organizadas e em pleno funcionamento.

No primeiro ano, ainda no grau de aprendiz, quando nada se exige do aluno a não ser sua frequência e adaptação, já surge o desejo irrefreável de trabalhar. As caravanas iniciadas logo mais, quando o aluno atinge o grau de servidor, lançam raízes e, muitas vezes no local onde funcionavam, surgem novas casas espíritas.

Os aludidos moradores, que, em sua maior parte, não tinham sequer meios de locomoção, podem participar dos trabalhos, beneficiando-se todos daquilo que uma Casa Espírita pode oferecer aos seus frequentadores.

Entre os alunos, manifesta-se crescente entusiasmo, em virtude dos resultados obtidos. Sentem que sua presença é aceita pelos moradores, os quais, a exemplo de muitos, estão ávidos de conhecimentos e oportunidades redentoras, pois já se cansaram de amarguras e decepções. Fazem o Evangelho no Lar em conjunto com os moradores, que já os esperam portando o livro *O Evangelho segundo o Espiritismo*, fornecido pelos caravaneiros graciosamente.

Indubitavelmente, os próprios alunos recebem benefícios dessa aproximação, que lhes proporciona oportunidade de exemplificarem as instruções recebidas na Escola, como também porque, com essa participação, exercem verdadeiramente os ensinamentos evangélicos, já que se capacitam a dar, colocando a "candeia sobre o alqueire".

Evitar que nosso semelhante precise de caridade é o verdadeiro sentido da prática da caridade, como diz Emmanuel. E é assim que os trabalhos das caravanas são orientados.

Os alunos, em verdade, não criam raízes, já que a eles compete abrir o novo núcleo, e, quando este estiver sedimentado e em pleno funcionamento, iniciam novo trabalho em outro bairro, deixando na direção da casa alguns companheiros escolhidos dentre eles e os próprios moradores do bairro, já então em condições de desempenharem essa atividade. É inegável que decorrerá algum tempo entre o início do trabalho e a independência do grupo, mas a meta a ser atingida é essa.

Em cada uma dessas novas casas, além dos trabalhos espirituais, outros de assistência social são proporcionados, e, no tempo devido, surge nova turma de alunos, isto é, nova turma da Escola de Aprendizes.

É um verdadeiro leque que se abre, oferecendo oportunidade de trabalho e renovação interior a muitos necessitados. Esperamos, portanto, que os Dirigentes, tanto das casas espíritas como de escolas ou cursos, tenham sempre em mente o nobre ideal que representa esse movimento chamado Caravanas de Evangelização e Auxílio.

5
O Aprendiz e a Reforma Íntima

O Trevo nº 28 – junho 1976
Lisane Carvalho

Um belo dia surgiu na vida de alguém um nome: "Escolas de Aprendizes do Evangelho". Examinou-o, detidamente e aceitou-o, decididamente, inscrevendo-se em uma das turmas do seu Curso Básico.

Aí conheceu "O Consolador" prometido pelo Mestre, falando, numa linguagem simples e clara, sobre as verdades eternas do mundo espiritual e explicando o cristianismo puro, tirado da fonte há 2.000 anos.

Assimilou todas as verdades, buscando conhecer cada vez mais o Cristo de Deus, os dedicados irmãos espirituais Emmanuel, André Luiz, dr. Bezerra de Menezes e outros mais. Assim não só ouviu, mas pesquisou nos livros, emocionou-se até às lágrimas e verificou, de repente, num clarão da verdade, quanto tempo perdera nessa encarnação e o quão distante se achava ainda dos abnegados irmãos espirituais pertencentes às falanges do Cristo.

Urgia, pois, palmilhar o caminho da verdade apontado por esta escola que dia-a-dia num crescendo de responsabilidades morais atribuídas a cada um pelo conhecimento, o levava cada vez mais em direção ao plano espiritual superior. Caminho de espinhos, de sacrifícios e de dores redentoras, abençoadas e Divinas, capazes de moldar o Espírito, agora evangelizado, à maneira do pincel do artista na criação da beleza colorida, viva e cheia de sentimento.

E ele seguiu adiante, humilde e verdadeiro, praticando a fraternidade e a caridade material e moral, em lances heróicos de bondade e desprendimento.

E assim ele viveu e morreu, evoluiu... nasceu... aprendeu... morreu... evoluiu...

6
A Um Discípulo

O Trevo nº 36 – fevereiro 1977
Jacques André Conchon

"Porfiai por entrar pela porta estreita..." (Lucas 13:24)

A Primeira Reunião Geral da Aliança chegava aos seus momentos finais, trazendo-nos profundas emoções que até hoje perduram.

Incontida alegria espelhava-se nos semblantes e os comentários traduziam o sucesso alcançado.

Sob o intenso burburinho das aclamações fraternas, aproximou-se de nós um querido amigo que, nessa data, havia adentrado a Fraternidade dos Discípulos de Jesus e carinhosamente nos disse:

— "Após quase três anos de Escola, chegamos ao fim", externando em outros comentários o sentimento de missão cumprida.

Não queríamos de forma alguma quebrar o entusiasmo e a emoção que lhe irradiava, exibindo o Trevo em sua lapela. Achamos que o momento não era propício a "sermões". Deixamos o tempo passar e hoje redigimos estas linhas para, fraternalmente, discordarmos com a impropriedade da expressão "chegamos ao fim".

Agora, concluído o nosso intróito, é a você, estimado companheiro, que nos dirigimos, certos de que seremos compreendidos pelo seu bem formado coração.

Caro amigo, se você julga que após a Escola de Aprendizes, chegou ao fim, desculpe-nos, mas está redondamente enganado, pois, em realidade, atingimos o começo de uma fase nova, onde invariavelmente somos chamados aos mais ingentes esforços para o testemunho cristão.

É fato conhecido, e permita-nos, companheiro, um pouco de digressão, que no seu rumo tortuoso, a humanidade terrena atinge, nos tempos presentes, o vértice de um dos seus mais importantes ciclos evolutivos, exigindo, diante das catástrofes que se prenunciam, a soberania do pensamento religioso para amparar o Espírito humano nessas dolorosas transições.

Ponderemos, então, cautelosamente, sobre as nossas grandes responsabilidades, Discípulos de Jesus que somos, e facilmente concluíremos que estamos iniciando e não concluindo.

Na fase histórica que atravessamos, são os Discípulos autênticos conclamados à criação de núcleos verdadeiramente evangélicos, de onde possa irradiar a orientação cristã: Evangelizando o indivíduo, evangeliza-se a família e a sociedade estará a caminho da sua purificação.

Por outro lado, e perdoe-nos se nos alongamos, somos chamados à imperiosa necessidade de darmos prosseguimento ao esforço de regeneração íntima e abraçarmos a tarefa nem sempre suave da auto-educação, tal como aprendemos na Escola durante quase três anos!

Comparece, ainda, em destaque na vida do Discípulo de Jesus, o combate perene à eclosão de sectarismos prejudiciais que incentivam a separatividade e a destruição.

Enquanto, prezado irmão, reformadores e políticos falam inutilmente de transformações necessárias, pois todas as modificações para o bem têm que iniciar no íntimo de cada um, o Discípulo de Jesus reconhece que a sua tarefa resume-se na formação da mentalidade cristã livre dos preconceitos que impedem a marcha da humanidade.

As Escolas de Aprendizes criam corrente de corações evangelicamente esclarecidos, e o ingresso na Fraternidade dos Discípulos de Jesus significa igualmente a dedicação às obras assistenciais de amparo à infância orfanada, da velhice desvalida, levando a consolação aos aflitos e o equilíbrio aos dementados, a difusão dos ensinamentos do Mestre através do jornal educativo, da literatura edificante, do cinema que ensina, da radiofonia que moraliza, do teatro à base do sentimento cristão; a edificação do porvir pela orientação sadia da juventude, a preparação da criança segundo um prisma genuinamente cristão, em tudo reconhecendo ser a comunhão fraterna o alicerce de qualquer empreendimento evangélico.

Aqui estão, querido Discípulo, em poucas palavras, as diretrizes do novo caminho que se descortina à sua frente.

Não permita, diríamos parafraseando Simão, o iluminado mentor espiritual, que a rotina lhe invada a tarefa, não permaneça na atitude interesseira de quem só pretende acumular horas de serviço para melhorar a própria ficha espiritual, e lance-se ao trabalho, pois, se na fase de declínios que vivemos, o mundo chama por Cristo, o Cristo chama por nós.

Que Jesus nos abençoe, agora e sempre!

7
Para os Discípulos

O Trevo nº 38 – abril 1977
Edgard Armond

Terminada a preparação e incluídos os servidores na Fraternidade dos Discípulos de Jesus, passam eles a agir com inteiro livre-arbítrio, organizando programas próprios para suas atividades evangélicas.

Mas, nessa nova condição, livres das servidões da Escola, suas obrigações aumentam ao invés de diminuírem, pois que enfrentam, agora, uma realidade muito mais positiva e categórica; como discípulos sua lei é a exemplificação dos ensinamentos do Divino Mestre, sem restrições, reservas ou qualquer sentido acomodatício; o sacrifício e a renúncia fazem parte do seu esforço.

Porque o discípulo não é maior que o Mestre e o servo que o seu Senhor.

8
Caravanas — Ontem e Hoje

O Trevo nº 43 – setembro 1977

Flávio Focássio

Com a Caravana de Evangelização e Auxílio, o aluno descobre, soterrados em seu coração, valores que nem sequer imaginava possuir, e passa então a ter a alegria de servir e de ser útil ao seu semelhante e à coletividade.

Quando uma turma de alunos da Escola de Aprendizes do Evangelho começa a estudar a matéria contida no livro *O Redentor*, referente à vida de Jesus, é chegado o momento oportuno para iniciar as atividades ligadas à Caravana de Evangelização e Auxílio visitando um bairro ou uma favela.

O aluno que até então participava da escola como simples espectador, isto é, tão-somente assistia às aulas, principia a viver os ensinamentos que tem recebido. A partir de então, a dinâmica do programa elaborado pela Aliança Espírita Evangélica envolve o aluno em processo de estudo teórico e prático que o leva a assimilar as matérias versadas nas aulas expositivas e a exteriorizar esse aprendizado em seu dia-a-dia e no trabalho da Caravana.

No momento em que o Dirigente da turma propõe aos alunos que cerrem fileiras na Caravana de Evangelização e Auxílio, nota-lhes certa apreensão, mas o forte desejo que os anima impele-os para o trabalho. Assim é que, após realizada a primeira Caravana, os alunos descobrem em seu íntimo que servir ao próximo sem interesse algum é altamente reconfortante.

Em verdade, embora ambos sejam recompensados, recebe o aluno talvez mais do que o visitado, prova de que servir e confraternizar é alimento para o Espírito.

Por falar em alimento, alguns alunos inicialmente acreditam que fariam grande caridade se provessem às necessidades materiais dos visitados, esquecendo-se de que sua própria presença é mais importante do que as privações de seus interlocutores. A verdadeira caridade, sob esse aspecto, é servir, apoiar, amparar e principalmente compreender e aceitar o visitado tal como ele é. Acima de tudo paira o testemunho evangélico, isto é, os ensinamentos crísticos e eventualmente o auxílio material.

A experiência de várias caravanas demonstra que a assertiva acima é verdadeira, porquanto, após algum tempo, os visitados nos esperam para juntos confraternizarmos e vivermos por alguns instantes os ensinamentos evangélicos, e, com efeito, as necessidades materiais de cada um não se tornam o problema central dos encontros.

Nessas ocasiões, as crianças aderem de forma irrestrita. Os alunos desenvolvem, junto aos garotos, atividade que objetiva levar-lhes ensinamentos sublimes através de pequenas estórias ou apresentação de teatrinho de marionetes onde os personagens exemplificam valores edificantes.

Os caravaneiros oferecem graciosamente aos visitados exemplares de *O Evangelho segundo o Espiritismo*, e, com palavras meigas, procuram convencê-los das vantagens decorrentes da prática efetiva do Evangelho no Lar: bom ânimo, inspiração, sustentação, paz e compreensão entre os componentes da família ou grupo. Em consequência, há progresso moral e material, ao mesmo tempo que a vida passa a oferecer mais encantamento e alegria. Com o decorrer do tempo, oferecem-lhes o passe espiritual.

Caravana bem conduzida cria raízes. Mais tarde, por volta de ano e meio após seu início, a turma prepara-se para, em local adequado no bairro que vem sendo visitado, abrir um Centro Espírita, onde os alunos poderão complementar seu trabalho de transformação interior, após o término do curso.

A nova casa atenderá os moradores do bairro e terá vida própria. Em nosso entender, porém, a Caravana, a essa altura, deverá prosseguir em seu trabalho, efetuando visitas de orientação e estímulo pelo menos uma vez por mês, bem assim visitando novos lares, encaminhando os que o desejarem para a nova Casa Espírita.

Salutar cadeia esta: a nova casa um dia terá sua primeira turma de alunos engajados na Escola de Aprendizes do Evangelho, os quais, a seu turno, organizarão uma Caravana de Evangelização e Auxílio em outro bairro. Surgirá então outra Casa Espírita. Em verdade, muitas surgirão por esse processo, necessárias que são para atender ao crescente número de corações aflitos e amargurados dos tempos presentes.

Bem é de ver que o trabalho da Caravana é realização dos alunos e tem por principal objetivo levar à comunidade a Promessa de Redenção, a palavra de consolo nos sofrimentos, a ajuda espiritual e eventualmente material aos necessitados em geral, em nome do Divino Mestre, servindo também, como que, de campo experimental onde o aluno tem oportunidade para exercitar as normas e ensinamentos recebidos da Escola e dar seu testemunho em prol do Evangelho de Jesus.

Orientação sobre a organização das caravanas nós a encontramos na capa traseira do Volume III[8] da série *Iniciação Espírita*, e, sobre a abertura de novas Casas Espíritas, há comentários na capa

[8] Atualmente é o Anexo VI do livro *Iniciação Espírita*, Editora Aliança.

traseira do Volume IV[9] dessa mesma série, editada pela Aliança Espírita Evangélica, além de vários artigos publicados em *O Trevo*. Apesar disso, nunca é demais falar sobre as Caravanas, porque seu valor vem sendo confirmado pela experiência.

Assim, pois, já não se trata de idéia e sim de realidade. Algumas Casas Espíritas já foram abertas como resultado desse trabalho e outras o serão pelas Caravanas em curso.

Se você quiser sentir a força desse trabalho, visite uma Caravana. Os caravaneiros vibrarão com sua presença e você perceberá que servir e confraternizar é realmente alimento para o Espírito.

9
Mensagem de Razin: No Aprisco do Senhor

O Trevo nº 44 – outubro 1977

Que nosso pastor, o guardião de nossas almas, o mentor de nossas mentes, o orientador de nossa palavra e inspirador de nossos atos, esteja convosco.

Vamos procurar mergulhar, bem profundamente em nós mesmos em busca das pequenas raízes de inferioridade que ainda permanecem em nós, como herança que trazemos através dos tempos.

Vamos, com esforço ingente, lutar para arrancá-las, para que o terreno fique limpo e possa ser posto à mercê das sementes que o Senhor queira lançar nele.

Vamos estudar o passado longínquo, enfrentá-lo firmemente como se estivéssemos a nos observar num espelho cristalino e olhar a imagem que aí se reflete e perceber o quanto ela ainda corresponde a esta que no presente já conquistamos.

[9] Atualmente é o Anexo X do livro *Iniciação Espírita*, Editora Aliança.

Veremos então que os traços se adoçaram, o fulgor da revolta em nossos olhos é menos vivo, que nossas mãos já se engalfinham mais raramente e nossos punhos, contraídos, já não se levantam para abater.

Vamos verificar que nosso andar agressivo já se faz mais leve e ponderado, denunciando mais calma, sem deixar em nosso rasto poeira levantada e olhares lacrimosos.

Vamos procurar tornar nossa postura mais tranquila, mais acolhedora e mais serena, pois que a autoridade não nos vem de nossa atitude arrogante e irrefletida, mas que podemos dominá-la calmamente sentados com as mãos cruzadas no regaço.

Olhemos com tranquilidade e com doçura: não é preciso perscrutar ostensivamente para compreender, porque a atitude indiscreta e impertinente obscurecerá as realidades, que se esvairão e se perderão, sem esperança de que novamente retornem.

Vamos trocar o brilho enganoso do metal pelas cintilações internas, para que o que houver de riqueza em nós esteja no íntimo da alma e não no exterior poluído.

Vamos fazer que a túnica singela que nos envolve tenha toda dignidade e a distinção do que é pomposo, mas sem o brilho falso da ostentação, que fere os olhos e magoa o coração.

Que a paz do Senhor esteja em nosso íntimo, pois só assim ela existirá em nosso redor e assim a possamos levar para onde formos.

Viemos hoje fazer uma visita ao vosso mundo interno, trazendo o passado e exaltando o que ele ostenta de bom e de feliz, por ver que o que não é bom já não nos fere mais e que, portanto, é fácil de fazer com que suas consequências nos esqueçam, deixando-nos libertos.

Que nosso Senhor, pastor e amigo zeloso, possa permitir que nos refugiemos aos seus pés, reservando para nós um pequeno canto em seu aprisco.

E que assim seja.

Nota de Edgard Armond:

Para os componentes da Fraternidade dos Discípulos de Jesus transcrevemos de nosso arquivo pessoal esta edificante mensagem de nosso guia Razin, cujas lindas imagens podem ser aplicadas a todos nós.

Como bem se percebe, nesta mensagem Razin nos concita ao desprendimento das exterioridades do mundo das coisas e ao apuramento de nossa vida interna, com o despertar das luzes e das virtudes que devem caracterizar o verdadeiro discípulo de Jesus.

10
Mensagem de Razin: O Livre-Arbítrio

O Trevo nº 52 – junho 1978

Vivemos dias muito difíceis, e hoje o livre-arbítrio individual explode aqui e ali com liberdade e desenvoltura; isso foi consentido para que cada um exteriorize seus sentimentos, suas tendências, seus desejos mais recônditos, demonstrando o que sente e o que exige dos seus semelhantes, mas, sobretudo, o que faz por eles.

Para enfrentar essa situação sem comprometer nossa tarefa, devemos ter prudência, exigir pouco e conceder muito, preservando nosso trabalho de contaminações malignas.

As tarefas que recebemos do Senhor devem ser executadas e os escolhidos para realizá-las devem agir com sabedoria e prudência, cedendo aqui, contornando os obstáculos ali e tolerando sempre, sabendo que podem contar com nosso apoio sempre que procederem com acerto e humildade.

Paz com o Cristo.

11
O Homem e o Tempo

O Trevo nº 53 – julho 1978
Edgard Armond

O ser humano, em si mesmo, não mudou grande coisa desde o tempo de Jesus, exceção feita no terreno intelectual. Na sociedade diminuiu muito o número de analfabetos e aumentou também muito o número daqueles que enriqueceram seus conhecimentos com as notáveis conquistas da Ciência, em todos os campos, muito embora em muitos pontos essas conquistas sejam de efeitos negativos no sentido espiritual.

Mas, em si mesmo, o homem, repetimos, mudou muito pouco e ostenta hoje a mesma agressividade espontânea, que explode com violência à menor contrariedade; o mesmo egoísmo de todos os tempos, agora somente encoberto pelas tintas da civilização, pelo conforto das comodidades oferecidas pela vida moderna.

Jesus pregou e exemplificou seus ensinamentos com o próprio sangue, que são todos pela justiça e pela paz universal, mas as estatísticas mostram que, nestes quase dois mil anos, raros foram os dias em que uma contenda ou o derramamento de sangue humano não estivesse em pleno curso em alguma parte ou em muitas partes ao mesmo tempo, e a própria Palestina tem sido teatro assíduo de semelhantes acontecimentos em nossos dias.

E as religiões criadas em nome do Divino Mestre usaram dos mesmos processos de violência e de morte para exercerem dominação, à guisa de defesa e difusão desses ensinamentos pacíficos e redentores.

Mas tudo por quê? Porque esses ensinamentos não têm sido e continuam a não ser assimilados pelos corações; não despertam as consciências de forma profunda, não passando das superficialidades.

Assim sendo, o Espiritismo, vindo ao mundo como um recurso heróico de despertamento para a vida espiritual, não poderia ter êxito se incorresse nos mesmos erros. Jogava e ainda joga com alguns trunfos poderosos, como sejam a possibilidade do intercâmbio entre mundos pela mediunidade e conhecimentos mais abertos sobre a vida e a morte; mas esses recursos bastariam para resolver as dificuldades, o desinteresse provocados pelo materialismo e pela ignorância religiosa, enraizada tão profundamente na alma humana?

E hoje perguntamos: bastou, por ventura, mais de um século, para encaminhar a humanidade para novos rumos, sobretudo agora quando os passos dados nesse sentido são logo contrastados pela decadência e pelo desenfreio moral que domina por toda parte?

Para responder basta indagar sobre o que move hoje os homens, os entusiasma e exalta, com espontânea e expressiva intensidade.

O que os empolga e deflagra os acontecimentos mais importantes e surpreendentes das massas humanas?

Todos, sabemos que são os interesses, os bens materiais que predominam, não os espirituais, as mesmas atrações que em todos os tempos os moveram, com a diferença que hoje esses bens não são disputados unicamente pelos ricos, devido às facilidades oferecidas pelos sistemas modernos de comercialização.

Porém, nada disso consegue mudar os homens no seu íntimo e cada dia essa situação torna-se mais tensa, porque cada dia é mais notada a ausência de Deus nas almas inquietas e desorientadas.

Mas o Espiritismo mesmo assim continua a ser para os homens encarnados a esperança mais promissora de espiritualidade, porque sua base moral é o Evangelho de Jesus que difunde verdades que o tempo não prescreve, a ignorância não destrói, como os acontecimentos do mundo em breve tempo darão confirmação.

Esta, entre outras, é a razão por que foi criada a Escola de Aprendizes do Evangelho em 1950, cuja finalidade é justamente essa de promover as transformações morais a que Jesus se referia nos seus ensinamentos e que se podem atingir seguramente com a Reforma Íntima individual compulsória e dirigida.

Por pequeno que seja o número dos que a realizam face à imensa maioria dos desinteressados de espiritualização, esse pequeno número representa as possibilidades de realizações espirituais nas almas dos retardados habitantes deste mundo de provas e expiações que é a Terra, porque enorme é o poder do idealismo nas almas honestas, sob o escudo da fé e da esperança.

12
Comparecimento

O Trevo nº 85 – março 1981
Edgard Armond

Uma das condições estabelecidas no regulamento da Escola de Aprendizes do Evangelho é que, após a aprovação no curso, o servidor entra no período probatório de três meses, durante o qual fica entregue a si mesmo, liberto de quaisquer servidões à Escola, para autoconscientizar-se de que realmente se encontra em condições íntimas favoráveis para assumir, perante o Divino Mestre, os compromissos do Discipulado. Feito isso, regressa à Escola, dá-lhe conhecimento de suas decisões, é submetido a exame espiritual e, sendo este também favorável, comparece à cerimônia final da investidura, passando então a viver o novo período, mais responsável e transcendente, de Discípulo de Jesus.

Ocioso será encarecer a importância da significação e o valor espiritual do ato da investidura: aprovado e reconhecido, por uma escola espiritualizante, constituída para promover a formação dos futuros discípulos; aprovado por sua própria consciência que, durante três meses, analisou e reconheceu sua capacitação psíquica e moral, e confirmada ainda essa posição pelo Plano Espiritual, através de exame a que compareceu, deve ter no momento as condições exigidas para essa elevada investidura, eminentemente pessoal e intransferível, nada mais restando que tornar-se digno dela nas atividades que desenvolver, daí para diante, na difusão e no testemunho público dos ensinamentos recebidos do Divino Mestre. Na hipótese rara de não poder efetivar esse último ato de sua preparação espiritual por impossibilidade provada (doença grave ou ausência imprevista e inevitável), deve comunicar o fato e aguardar a próxima investidura oficial da Escola, submetendo-se a novo exame espiritual sobre a manutenção das condições pessoais anteriores.

13
O Que Seria de Nós

O Trevo nº 113 – julho 1983
Noel Rosa, Espírito – médium: Martha Thomaz

Meu irmão, o que seria
Do nosso orbe terrestre
Sem a luz, com que o Mestre
Clareia o nosso caminho.
E dá até ao caminhante
Sem pátria, sem lar, sem nome,
Que enfrenta o frio e a fome,
A força do seu carinho.

Meu irmão, o que seria
Desta nossa pobre Terra
Sem o enorme amor que encerra
As páginas do Evangelho,

Da nobre sabedoria
Que dá paz, dá esperança
Dando o sorriso à criança
E dando alegria ao velho.

Meu irmão, o que seria
De nós sem as diretrizes,
Que a Escola de Aprendizes
Nos dá a todo momento.
Nos levando com carinho
Ao encontro de Jesus
Pra recebermos a luz
do Maior Conhecimento.

Hoje assumis o título,
queridos amigos meus,
mercê do Amor de Deus,
de membros da Fraternidade.
Pelo muito que se amarem
É que serão conhecidos
Como arautos destemidos
Do Amor e da Verdade.

Eia, avante companheiros.
Vamos com muita coragem
Levar ao mundo a mensagem
Da Palavra de Jesus.
Para que o mundo inteiro
Viva com mais confiança
Fortalecendo a Aliança,
Elo do Amor e da Luz.

14
Escola, Dirigente, Alunos

O Trevo nº 114 – agosto 1983

Vera Arnaud

O papel de uma Escola de Aprendizes do Evangelho dentro de uma Casa Espírita é muito importante. Quanto mais vivenciamos o ambiente de aprendizado, mais sentimos a necessidade de um preparo melhor do conjunto todo: Casa (Grupo) e Dirigente. Uma implantação qualquer numa Casa Espírita não se faz de um dia para outro, e, em se tratando de uma Escola de Aprendizes, o empreendimento é ainda mais importante. É preciso estrutura; é necessário base. Começando desde a escolha do Dirigente, que deve ser de maneira cautelosa, para não incorrermos em erro. A criatura escolhida deve ser aceita e envolvida por todos em muito amor e força para poder assumir a grande tarefa; pois terá que levar compreensão e alegria mesmo se sacrificando, a fim de impulsionar aqueles que vêm em busca de algo maior.

A Escola: será como um Templo construído em piso firme e seguro, pilastras internas partirão dessa base, dando apoio a uma cobertura sólida que suportará tudo... não havendo vento nem tempestade capaz de abalar o conjunto. No templo colocam-se janelas muito grandes para ventilação de pensamentos doentios e negativos, luzes de amor deverão estar acesas permanentemente, música sublime em profusão para dar harmonia às mentes e corações que por certo nos primeiros tempos trarão lá de fora problemas a serem varridos, ingratidões a serem esquecidas e outras coisas mais. Dentro do templo deverá ser erguida uma grande escadaria que levará o aprendiz aos poucos, pelas mãos do Dirigente, a uma subida constante até chegar ao patamar ideal da elevação e aprendizado.

O Dirigente: Deve ser a imagem de uma árvore: raízes fincadas fortes na terra firme — tronco robusto de responsabilidade — galhos harmoniosos estendidos, segurando num amparo fraterno. Essa árvore, assim mentalizada, dará frutos de sabor variado. Dar nomes aos frutos é necessário para que ingeridos se conheçam de cada um deles a qualidade que têm. "O amor é gostoso — a amizade é suave — a dedicação é preciosa — o socorro é necessário — a vigilância é útil — a serenidade o ideal — a severidade muito importante — a austeridade bem dosada é remédio certo e a responsabilidade é ponto fundamental." Árvore que não poderá jamais ser esquecida de seus bons frutos; assim deverá ser o dirigente, amigo das horas difíceis. Suas raízes firmes de conhecimentos morais são mãos distribuindo o bem.

O Aprendiz: tal um botão de flor, meio murcho não conseguindo se avivar, sem luz, sem calor, carecendo de carinho, conhecimentos e orientações; essa flor é o aluno que depois de muito perambular, mente doente, corpo cansado, vem buscar a Escola como se fosse um ombro amigo onde se apoiar. Cabe aí à árvore com grandes tarefas, com sua seiva, nutrir o recém-chegado, abrindo-lhe o caminho para onde ele vai começar a penetrar, mostrando que os espinhos, quando entendidos, são oportunidades para se testar. Marcha contínua, pois a estrada é difícil, não pode parar... é ir seguindo, embora lento o aprendiz há de chegar.

Num determinado ponto o aluno sente vontade de olhar para trás, ver o que passou, o que ficou. As marcas pesadas ele verá, mas será um "ontem" sem amarguras e sem revoltas; seu olhar vai procurar na caminhada que continuará no amanhã: confiante e corajoso. A flor, animada num trabalho incessante pelas mãos do Dirigente, vai transpondo os degraus da escadaria da Escola, crescendo cada vez mais, buscando outros conhecimentos e a fonte abundante não secará, porque na Escola sempre há o que aprender.

O Conjunto Geral: O templo — o dirigente — o aluno são alternativas de trabalho. O templo, que é a Escola, se abre, o Dirigente estende as mãos e o aprendiz as segura e juntos caminham em direção da evolução.

"Mas observemos que cada aluno perdido... é trabalho não concluído. Se houver falhas, que elas não sejam da Casa, do Dirigente da Escola. É preciso trabalho sadio para que as fugas sejam as menores possíveis."

15
Moratória de 2.000 Anos

O Trevo nº 114 – agosto 1983
Florisval dos Santos

Nunca como nesses últimos meses, comentaram tanto sobre a palavra "Moratória".

Através de rádio, jornal, televisão, enfim, todos pedindo mais tempo; isto é, moratória para que as coisas possam equilibrar-se.

Do ponto de vista pessoal, chegamos à conclusão de que, nesta agitação, começa a se iniciar mais uma fase decisiva da Evolução cíclica de muita importância e significação cósmica.

Como filhos de Nosso Pai Criador, foi-nos dada a moratória, isto é, "tempo suficiente para nossa Evolução", e para que todos nós possamos nos aceitar como "indivíduos endividados" com a Lei.

A moratória tem que ter em conta nossa Reforma Interior, pois tivemos e temos ainda alguns anos de oportunidade para combater o que atrasa a Perfeição: o Orgulho, a Vaidade, o Egoísmo. Enquanto vamos tendo oportunidades, devemos reconhecer que muitas vezes alimentamos o Orgulho, a Vaidade, o Egoísmo em várias formas.

ORGULHO: Arrogância – Mando – Insociabilidade – Maledicência – Superestimação.

EGOÍSMO: Exclusivismo – Impiedade – Autopiedade – Voracidade – Avareza – Inveja – Ciúmes – Sensualidade.

VAIDADE: Personalismo – Melindre – Exibicionismo.

Enfim, irmãos, essas são as crises maiores; agitação interior, os defeitos que alimentamos por esses quase 2.000 anos que tivemos de oportunidade, isto é, de moratória para equilibrarmos com a Lei.

Violências, crises, sabemos nós que tudo isso é um escoadouro para purificação do ambiente em que vivemos. Vamos mais longe ainda, segundo Maria Passos Barcelo, do hospital "Raul Soares", MG, de fevereiro até maio, a taxa de ocupação diária do hospital aumentou 40%, tudo isso advindo das pessoas que perderam o emprego, que estão entrando no clima de "Sociose", palavra nova na linguagem psiquiátrica que significa Neurose Social.

Tempo para todos nós, principalmente para o Brasil, foi-nos dado.

E que fazer diante de tais problemas?

Educarmo-nos em sentimentos. Renovando-os, procurando iluminar os mesmos, através das mensagens vivas de Jesus, do Plano Espiritual, inclusive aquelas recebidas nas Escolas de Aprendizes do Evangelho, Curso Básico, de Médiuns etc.

Irmãos em Jesus, quem tem ouvido de ouvir que ouça, quem tem olhos de ver que veja.

O momento é de trabalho, trabalho, trabalho!

O momento é de renovação, renovação, renovação!

Isto tudo dentro da moratória que o Pai nos deu, do tempo que ainda dispomos.

Muita confiança, perseverança, ideal e amor na certeza de que, com isso, o Brasil possa fixar-se como Pátria do Evangelho.

16

Relembrando o Comandante – O Discípulo de Jesus

O Trevo nº 118 – dezembro 1983

Jacques Conchon

Durante 20 anos tivemos um estreito convívio com nosso Com. Armond (1960-1980). Nesse largo período conseguimos assimilar uma boa parcela dos ensinamentos que nos foram transmitidos. Para não perdermos o teor essencial das suas mensagens, tínhamos por hábito anotar as suas palavras e registrá-las em fitas magnéticas.

Assim, possuímos, entre carretéis, fitas-cassete, microcassetes, rolos de vídeo-tape e vídeo-cassetes, horas preciosas de um valioso acervo.

Sempre nos enternecia quando o Comandante começava a falar sobre o Discípulo de Jesus, apresentando com as palavras uma conceituação real.

Dava-nos a impressão que ele, nos últimos anos, abatido pela idade, crescia aos nossos olhos quando tocava em assunto tão empolgante.

Algumas de suas conceituações já foram comentadas incontáveis vezes diante dos nossos alunos que passavam para a FDJ. No mês de junho deste ano, publicamos no Trevo algumas de suas assertivas:

- **Discípulo de Jesus é aquele que assumiu o compromisso de testemunhar o Evangelho.**
- Característica importante do Discípulo de Jesus: Sentir o trabalho como necessidade.
- **Ao longo da Escola de Aprendizes o coração se dilata ampliando a capacidade de amar.**
- Usar o trevo na lapela é fácil, o difícil é usá-lo no coração.
- **O Discípulo de Jesus é satisfeito com o mundo e tudo o que nele existe, porém é insatisfeito consigo mesmo.**
- O Discípulo de Jesus nada teme, a não ser a si mesmo.
- **O Aprendiz trabalha quando solicitado, o Servidor quando encarregado e o Discípulo quando necessário.**
- Aprendiz, o trabalho como obrigação.
  Servidor, o trabalho como dever.
  Discípulo, o trabalho como prêmio.
- **Para o Discípulo de Jesus, a Seara de trabalho é o mundo.**

- Modelo de Discípulo de Jesus: Paulo de Tarso.
- **Durante a Escola de Aprendizes o aluno passa de Conduzido a Condutor.**
- Aquele que aceita as determinações do Senhor.

Gostaríamos, entretanto, de ressaltar o conceito que mais profundamente penetrou em nosso coração e que até hoje nos convida a refletir para aferirmos se realmente estamos nos sublimando na glória de servir!

Discípulo de Jesus é aquele que se sublimou na Glória de Servir!

17
As Escolas da Aliança

O Trevo nº 119 – janeiro 1984

Ao completar 10 anos de atividade, em 4 de dezembro de 1983, a Aliança Espírita Evangélica contava, em seus grupos integrados, 105 turmas de Escolas de Aprendizes do Evangelho com frequência de 1.840 alunos.

Trata-se de um número bastante expressivo de companheiros preparando-se para a testemunhação cristã, que é o objetivo maior da Escola.

18
O Espiritismo e as Escolas de Aprendizes do Evangelho

O Trevo nº 121 (mar/1984)

Os companheiros da 36ª turma da Escola de Aprendizes do Evangelho do CEAE-Genebra, em São Paulo, realizaram um trabalho de pesquisa junto a expressivos divulgadores da Doutrina Espírita, propondo-lhes duas perguntas:

a) qual o papel do Espiritismo na atualidade?

b) o que acha da Escola de Aprendizes do Evangelho?

Das respostas enviadas com muito carinho, os alunos selecionaram algumas que publicamos a seguir.

Deolindo Amorim

Qual o papel do Espiritismo atualmente?

— Acho, antes de tudo, que a avaliação não pode ser unilateral, pois são diversos os papéis do Espiritismo na atualidade. Poderíamos, porém, simplificar a colocação e dizer apenas: o papel do Espiritismo tem diversos aspectos. Vamos, então, à resposta.

Pelo que venho observando há longos anos, o que me permitiu acumular alguma experiência, entendo que o principal papel do Espiritismo no mundo atual é o esclarecimento do povo por causa do ceticismo e do materialismo, em grande parte decorrentes da desordem espiritual e da miséria moral e social. É importantíssimo, no momento, o papel do Espiritismo porque tem argumentos e mensagem para reerguer o homem.

Dentro deste quadro, que é o ponto central, naturalmente se desdobram outros papéis, entre os quais o de despertar o homem para o lado espiritual da vida. E, como sequência, há outro papel relevante: o Espiritismo há de concorrer, e já está concorrendo muito, para o melhoramento dos costumes diante da espantosa decadência moral que aí está. Em síntese, é o que vejo e sinto.

Que acha das Escolas de Aprendizes do Evangelho? Por quê?

— Na realidade, não tenho experiência nessa área. Admiro muito, entretanto, o esforço que tantas pessoas fazem no campo da evangelização. Em linhas gerais, sem entrar na parte metodológica, porque não estou habilitado para opinar, vejo esse campo de trabalho simplesmente como observador, claro que interessado no êxito. Vejo as Escolas de Evangelho como base para a formação espiritual. E, por isso, elas significam muito para nós. Penso, todavia, que as Escolas de Evangelho devem funcionar como aulas de Doutrina Espírita. Por outras palavras: não se deve ministrar exclusivamente o ensino do Evangelho puro e simples, sem as luzes do Espiritismo. Enfim, é um modo de ver.

Divaldo Franco

Qual o papel do Espiritismo na atualidade?

— Consolar a Humanidade e conduzi-la à sua destinação histórica, desde que o Espiritismo é a única doutrina cuja síntese oferece os recursos hábeis para equacionar os problemas da criatura humana.

O que acha das Escolas de Aprendizes do Evangelho?

— A Escola de Aprendizes do Evangelho é uma experiência que se enquadra nos objetivos da Doutrina, de acordo com a palavra do Espírito da Verdade quando nos convida à instrução. "Espíritas, uni-vos, este é o primeiro mandamento; instruí-vos, este é o segundo."

Paulo Alves de Godoy

Qual o papel do Espiritismo?

— O papel do Espiritismo na atualidade é de relevante importância porque, numa época de profunda transição como esta que estamos vivendo, a mensagem do Cristo se torna profundamente necessária, pois temos notado que os templos se esvaziam porque as religiões se petrificaram e não estão mais capacitadas a conter a marcha do materialismo.

Sendo o Espiritismo o "Consolador Prometido" pelo Cristo, está-lhe reservado o importante papel de procurar restabelecer na Terra tudo aquilo que o Mestre nos veio ensinar, acrescentando ainda tudo aquilo que Ele não pôde ensinar na sua época por falta de preparo moral e intelectual dos homens.

O papel do Espiritismo é, portanto, aquele de restabelecer a doutrina cristã na face da Terra, livre das manifestações exteriores que sempre caracterizam as religiões.

O que acha das Escolas de Aprendizes do Evangelho?

— Considero de relevante oportunidade o trabalho das Escolas de Aprendizes do Evangelho, porque enquanto muitos dos nossos companheiros espíritas consideram que o Espiritismo não deve ter cursos regulares, sou da opinião de que as Escolas mantidas pela Federação Espírita do Estado de São Paulo e pela Aliança Espírita Evangélica têm um cunho relevante no objetivo de fazer com que os ensinamentos do Espiritismo possam ser divulgados numa nova direção, a fim de preparar o advento da época mais propícia prometida no Evangelho de Jesus. Porque na realidade os tempos são chegados e não poderemos ficar dentro de normas estáticas que têm retardado a marcha reprodutiva da nossa Doutrina.

Celso Martins

Qual o papel do Espiritismo?

— Ora, sendo o Espiritismo uma doutrina filosófica com demonstração científica e repercussões morais, seu papel no mundo atual é importantíssimo. O mundo aí está convulsionado, tudo isto resultado da ignorância das Leis de Deus e sua total inobservância. Então, a mensagem do Espiritismo oferece soluções. E as oferece porque demonstra existir, no homem, um princípio imaterial; demonstra sua sobrevivência após a morte física; mais ainda, demonstra a comunicação mediúnica.

Defende a teoria das vidas sucessivas; mostra o porquê da vida, dos sofrimentos e das desigualdades humanas. Mais do que tudo isto, o Espiritismo recorda a figura, os exemplos, os ensinos de Jesus. Por tudo isto, a contribuição espírita é altamente importante no processo de melhoria da Humanidade.

O que acha das Escola de Aprendizes do Evangelho?

— Pessoalmente, eu não sei como é que funcionam. Pelo que leio, trata-se de um curso regular e metódico de Espiritismo. Sendo assim, elas vêm ao encontro de uma recomendação do próprio codificador (veja projeto 1868, em *Obras Póstumas*). Tudo quando se planeje ou/e se faça em favor do estudo, da vivência, da difusão do Espiritismo, sobretudo levando-se em conta o que respondi na pergunta anterior, tudo quanto diz respeito, então, a um melhor conhecimento da Doutrina, é claro que merece o meu aplauso e o meu apoio, externados de coração.

19
Experiências com Caravanas

O Trevo nº 129 – novembro 1984
Adolpho Marreiro Júnior

A turma atingira a vigésima terceira aula. Portanto, dentro de mais alguns dias iniciaríamos a caravana de evangelização e auxílio.

Em meio à expectativa geral da escola ante a nova experiência, confessamos que uma vaga preocupação alterava-nos a tranquilidade d'alma, pois que as caravanas anteriores não haviam produzido os frutos desejados. Por isso, perguntávamos a nós mesmos: Onde e como fazer a próxima? E a sugestão procurada surgiu através de um aluno da turma, egresso das fileiras dos "Testemunhas de Jeová", detentor de um bom lastro de experiências nos labores de evangelização de porta em porta. Inquiriu-nos ele: Por que fazer caravanas tão longe da Casa Espírita, quando temos legiões de pessoas habitando estes quarteirões que nos circundam, e que talvez, em sua maioria, até ignorem que são vizinhos deste centro? Aliás — continuou — poderíamos requerer ao Sr. Prefeito uma planta da cidade, o que nos permitira fazer uma cobertura completa desta vila, levando de porta em porta a mensagem da Doutrina e a divulgação dos trabalhos de nossa Casa. Acatamos a idéia que nos parecia muito boa... todavia, que tipo de mensagem levaríamos às pessoas? Em nossas dificuldades, lembramo-nos do conselho do apóstolo Thiago: **"E, se algum de vós tem falta de sabedoria, peça--a a Deus, que a todos dá liberalmente, e o não lança em rosto, e ser-lhe-á dada." Cap. 1 – V. 5**.

Eis que após um período bem longo de orações, concebemos a idéia de compor uma mensagem que, de certo modo, enfocasse alguns dos múltiplos problemas e indagações que afligem as criaturas em suas várias faixas etárias. Assim foi que elaboramos a mensagem anexa a este artigo e que, embora imperfeita e sujeita a aprimoramentos, no entanto conseguiu sensibilizar muitas pessoas visitadas pelas nossas caravanas de porta em porta, trazendo-as para o centro, em busca das respostas que o Espiritismo tem para dar.

No verso da mensagem aproveitamos para expor o programa de trabalhos da Casa.

É possível e até natural que muitos companheiros estranhem e até reprovem o nosso trabalho corajoso, alegando imitação de práticas protestantes... mas a verdade é que após esses labores evangélico-doutrinários, o número de pessoas que nos procuram na assistência espiritual das segundas-feiras à noite quase triplicou em proporção à frequência anterior. Nas terças à tarde também vem melhorando.

Outrossim, importa considerar que embora o Movimento Espírita seja riquíssimo em literatura, não dispõe de recursos para custear programas de rádio e muito menos de televisão, razão pela qual achamos muito válida a idéia de fazermos de nossas caravanas o veículo de divulgação ao alcance de todos, e que nos permitirá levar às legiões de famintos do pão-de-espírito, o maná do Evangelho à luz da Doutrina dos Espíritos, divulgando, simultaneamente, endereços e programas assistenciais de nossas Casas, inclusive cursos, num processo realmente abrangente a todos os moradores do bairro.

Em dinheiro, é claro, jamais poderemos competir com mórmons, batistas, presbiterianos ou pentecostais (e a função do Consolador não é essa), mas confiemos sempre no Senhor que é o celeiro de infinitos recursos, e Ele nos inspirará outros processos de divulgação.

Por isso mesmo, se Deus nos permitir, incluiremos, sempre que possível, o dia de finados no rol das oportunidades que nos são concedidas para, juntamente com outros companheiros, pregarmos na necrópole local, exaltando a imortalidade da alma, à luz dos conhecimentos espíritas, distribuindo, nessas ocasiões, a excelente mensagem de Emmanuel intitulada "Ante os que Partiram", em cujo verso constará endereço e programas de atividades espirituais de nossa Casa. Será loucura, fanatismo, presunção ao apenas a necessidade premente que temos de testemunhar a imortalidade gloriosa? Por ventura não estamos todos convictos da sobrevivência muito mais do que qualquer outra escola religiosa? Portanto, maior intrepidez espiritual será cobrada de todos nós.

Jesus nos abençoe.

Mensagem da Doutrina Espírita às Almas Carentes de Fé e Esperança

Na infância, na juventude, na maturidade ou na velhice, todas as pessoas caminham juntas neste planeta de expiações, buscando descobrir o porquê da vida e a razão-de-ser de suas múltiplas aflições.

Todos, independentemente de sexo, idade, crenças ou raças, têm suas indagações, seus anseios, suas paixões, suas virtudes e seus defeitos, suas vitórias e suas derrotas.

A nossa Terra é um mundo de expiações e provas. Por isso, a par das poucas alegrias que aqui desfrutamos, temos de carregar também a nossa cruz, dores físicas e morais.

E, se é verdade que todos temos problemas, ousamos perguntar a você que, de boa vontade, se dispõe a ler esta mensagem: qual é o seu? Será a incompreensão, o medo, o desencanto pela vida, o desemprego, a carência de afetos, o abandono, a tristeza, a doença, a solidão?

Ou quem sabe se você permanece acorrentado a vícios infelizes dos quais não tem forças nem coragem para se libertar? Pode ser tóxico, prostituição, jogo, alcoolismo ou o tradicional cigarro?

Pode ser também que você seja um deficiente físico e sofra inibições e revolta porque ainda não aprendeu a conviver com a sua dor?

O arrependimento e a angústia também podem acompanhar as pessoas que atingiram os dias da velhice após uma vida vazia de realizações nobres, e esse pode ser também o seu problema.

Mas não importa! Qualquer que seja o seu problema, ele não impedirá que você continue sendo um filho de Deus, criado à Sua imagem e semelhança espiritual e com recursos para mudar o rumo de sua vida. E esses recursos você encontrará, retornando aos caminhos da fé pela confiança no poder infinito do Criador.

Agora, antes de prosseguir na leitura desta mensagem, queira, por obséquio, meditar profundamente sobre este conceito:

Fé verdadeira é somente aquela que pode enfrentar a razão em todas as épocas da humanidade!

Já leu e meditou suficientemente? Então nós queremos afirmar-lhe o seguinte: A Doutrina Espírita tem todas as credenciais que podem satisfazer o conceito que você acaba de ler!

A Doutrina Espírita, realmente, quando bem estudada, consola, esclarece e prepara a criatura para alcançar, mais rapidamente, a sua tão almejada redenção espiritual.

Todas as questões, aparentemente insolúveis, encontram na Doutrina dos Espíritos as explicações claras e racionais: as indagações profundas sobre Deus, imortalidade da alma, pluralidade dos mundos habitados, explicação da Justiça Divina que a tudo corrige e aprimora através da lei das reencarnações etc. etc.

Pode crer, alma irmã! O Espiritismo é o Cristianismo Redivivo e através dele Jesus está ensinando todas as coisas que não puderam ser ensinadas há dois mil anos.

Repetimos: Espiritismo é fé raciocinada que pode libertá-lo e fortalecê-lo para superar a todas as provas da vida terrena.

AGUARDAMOS SUA VISITA. SEJA BEM VINDO.

20
A Escola de Aprendizes e a FDJ

O Trevo nº 132 – fevereiro de 1985
Valentim Lorenzetti

Acho válido fazermos uma reflexão sobre a Escola de Aprendizes e a FDJ. A partir de conceituações.

1) Servidor — serve quando pode; preso a limitações.

2) Discípulo — pode servir, e serve, sempre. Disponível; liberto de limitações.

Limitações: vícios, horário/trabalho profissional, família-problema, doença/autopiedade, acomodação, apego a cargos e a "status", medo de descobrir-se/fechado, imposição de condições, falta de iniciativa.

Hoje, quando o aluno entra para a Escola de Aprendizes, começa a ser preparado para o grau de Discípulo, para ingresso na FDJ – Fraternidade dos Discípulos de Jesus. Acho que ele deveria ser preparado para ser um **bom servidor**; quando fosse servidor, e se julgasse em condições de chegar a Discípulo, daria esse passo.

Da seguinte forma: quando o servidor chegasse à 10ª Aula de Complementação (depois da aula 87), lhe seria feita uma proposta de reflexão: "Tenho condições de prosseguir postulando o discipulado?" Se achar que ainda não está preparado, encerra a Escola aí — como servidor. E poderá ser um bom trabalhador da rotina do centro espírita, considerando-se realizado com isso.

Se o servidor considerar-se sem limitações, prosseguirá da aula 88 até o final da EAE, inclusive o probatório, para exame espiritual. Com isso haverá um afunilamento, um pré-selecionamento.

Quando o servidor considerar-se livre das limitações e quiser postular o grau de Discípulo retornará à aula 82 (a primeira do 3º ano) e completará todo o programa (fazendo, inclusive, a reflexão da 10ª Aula de Complementação) e daí prosseguindo até o final da Escola de Aprendizes e exame para ingresso na FDJ. E, quando o discípulo sentir-se fraquejar, como busca de apoio, voltará também ele (espontaneamente) para a aula 82, refazendo o final do curso.

Vamos refletir sobre esse assunto?

21
Caravanas

O Trevo nº 161 – julho de 1987
Mayr da Cunha

Reputamos importantes todos os trabalhos desenvolvidos pelos alunos das Escolas de Aprendizes do Evangelho, pelas oportunidades que oferecem de doação para nossos semelhantes, os quais encontram, não só a palavra esclarecedora como no tratamento espiritual, um pouco do que necessitam.

Entretanto, dentre esses trabalhos, ressaltamos aquele que é desenvolvido nas caravanas de auxílio e fraternidade e que acontece fora do Centro Espírita, fazendo parte, também, do programa da Escola. Embora possa parecer que o referido trabalho fora idealizado quando da implantação da Escola de Aprendizes do Evangelho, isto não ocorreu, pois é uma cópia do que instituiu Jesus logo após a consagração dos seus discípulos, fazendo assim com que tivessem a oportunidade de colocar na prática toda a teoria transmitida pelo Mestre. Os discípulos de Jesus, homens rudes, cada qual com o seu costume, tiveram de se conscientizar da responsabilidade de que foram investidos e, abrindo mão de suas vaidades pessoais, partiram para regiões pobres e necessitadas, curando, ouvindo e orientando qual o caminho a percorrer para conquistar a glória nos céus, tal como era ensinado pela religião judaica.

Por certo tiveram grandes decepções nas suas andanças, entretanto, não desanimaram, cumprindo até o fim o programa que foi estabelecido. As cicatrizes recebidas nesse período logo desapareceram, curadas pela compreensão e renúncia de cada um.

Nos dias de hoje, os alunos da Escola de Aprendizes do Evangelho apenas ao ouvirem a explanação do trabalho que deve ser desenvolvido pela caravana estremecem e alguns até pensam em desertar do curso, na impossibilidade de não haver outra alternativa.

Mas tal receio não tem a dimensão que lhe querem dar e é fruto muito mais de orgulho do que da falta de capacidade para cumprir a tarefa.

É evidente que os caravaneiros também terão muitas vezes de praticar atos de renúncia, dominando os ímpetos interiores, sendo humildes, mas tudo isto é demonstração de que estão se esforçando para serem verdadeiros cristãos.

Os primeiros passos possivelmente serão difíceis e talvez serão vistos como obstáculos, mas nada é insuperável para o trabalhador do Cristo, mesmo porque sempre haverá um raio de luz a lhe iluminar os passos, quer seja dia ou noite.

Devem estar confiantes de que jamais serão desamparados, principalmente porque se dispõem a levar a palavra de fé e de redenção do Espírito, através da prática edificante dos ensinamentos contidos no Evangelho, tarefa essa de grande valor para a transformação de todos.

Apesar de todos os percalços, a caravana perseverante frutificará, dando bons frutos, criando tamanha afeição entre os lares visitados e os caravaneiros que, quando é feito o anúncio de que ela está no fim, já se começa a sentir a emoção da despedida, tal o vínculo afetivo que se foi acumulando no decorrer do tempo de convivência.

Os caravaneiros, já começando a sentir saudades, sem dúvida terão gravados indelevelmente no seu interior toda a experiência adquirida durante o trabalho desenvolvido, onde cada um participou dando o melhor de si, objetivando não só exercitar o que aprendeu, mas principalmente fazendo reacender, dentro de todos, a chama da verdadeira fraternidade, através do amor cristão.

22
Escola, Espiritismo, Evangelho, Reforma Íntima

O Trevo nº 161 – julho de 1987
Flávio Focássio

O programa da Escola de Aprendizes do Evangelho iniciado na década de 1950 tem apresentado resultados extraordinários. As turmas, uma após outras, vão abrindo novas casas espíritas e trabalhos assistenciais de ajuda à comunidade, promovendo um verdadeiro enriquecimento da sociedade.

Nas casas espíritas onde este programa é aplicado vive-se um Espiritismo tal como o codificado por Kardec, o insígne mestre. Assim a assistência espiritual não foge aos ensinamentos contidos em *O Livro dos Médiuns*, muito embora não se desprezem os ensinamentos de André Luiz e Edgard Armond. Dizemos isto porque muitos espíritas ainda sectários, trazendo resquícios de práticas religiosas dogmáticas, pretendem um Espiritismo sem evolução.

Escrevemos isto porque alguns conceitos de André Luiz não estão contidos na obra Kardeciana e hoje, apesar disso, são aceitos. Os cursos de Médiuns são ministrados rigorosamente dentro dos preceitos de Kardec, embora algumas obras sejam utilizadas, mas apenas como didática, ou dinâmica nas aulas aplicadas, mesmo porque estas obras utilizadas são calcadas nos ensinamentos da codificação, e não poderia ser de outra forma senão não seríamos espíritas.

A Escola de Aprendizes do Evangelho inicia sempre uma nova turma com o Curso Básico de Espiritismo. Vejam bem, é um curso básico, não um estudo alentado, mas apenas para posicionar o aluno que está iniciando. Ao final de cada turma da Escola de Aprendizes do Evangelho, o estudo da Doutrina Espírita é retomado, com participação de todos os alunos numa dinâmica que proporciona a todos o aprendizado.

Há porém na Escola outros aspectos. O estudo do Evangelho é mais do que isso, é sua aplicação viva no cotidiano de nossas vidas. Entender as lições de Jesus e dos Apóstolos, aplicá-las de forma prática, incorporá-las na estrutura da nossa personalidade, não é um trabalho fácil. Este código de Amor existe há quase dois mil anos e ainda não o assimilamos, ainda não somos capazes de vivenciá-lo.

Os alunos da Escola são incentivados ao trabalho da Reforma Íntima, que é o terceiro aspecto inserido no curso. O que é a Reforma Íntima senão a prática das lições evangélicas? Como realizar a Reforma Íntima sem conhecer os meus vícios, defeitos e paixões? Preciso me analisar e faço isso ouvindo as coisas que digo e observando a minha conduta. Muitos alunos confusos perguntam como fazer a Reforma Íntima, como exercitar os ensinamentos evangélicos. As máscaras representadas pelos nossos vícios e defeitos, que encobrem a nossa personalidade, não são reconhecidas por nós e nós precisamos reconhecê-las porque elas nos impedem de vivenciar o Evangelho.

Por que as pessoas têm medo de descobrir as suas limitações, os seus defeitos? Será que o Pai não nos matriculou nesta extraordinária escola, que é o planeta Terra, para aprendermos estas lições? E reiteradas vezes temos voltado pelo processo da reencarnação para continuarmos aprendendo.

Estamos vivendo agora uma experiência gratificante, ela foi denominada de Encontro de Reforma Íntima. A Reforma Íntima, como dissemos, é um dos aspectos da Escola de Aprendizes do Evangelho. Ela precisa ser trabalhada. A Fraternidade dos Discípulos de Jesus necessita de trabalhadores conscientes, autênticos. Assim, falar dos nossos medos, dos nossos vícios, dos nossos defeitos, descobri-los, transformá-los substituindo-os por virtudes é preceito cristão, evangélico.

Não conhecemos melhor tratamento para o alcoolismo do que o aplicado pelos Alcoólicos Anônimos e entidades congêneres. Quando o ex-alcoólatra conta a sua odisséia, o sofrimento que impôs a si mesmo e à sua família, e quando ele fala das suas vitórias, ele está dando lições exemplificadoras, não está se exibindo, pois são estes exemplos que frutificam e fazem com que os alcoólatras busquem a abstinência.

Nós, espíritas, precisamos aceitar de uma vez por todas que o verdadeiro aspecto do Espiritismo não é a Consolação, mas sim a Redenção. O homem precisa se redimir. Compreender que quando Jesus disse: "Não vos maravilheis com o que Eu faço, porque vós sois capazes de fazer isso e MUITO MAIS", não estava brincando.

Religião é uma norma de conduta, todos os dias, é esclarecer-se, amar, ser amado, aceitar-se e aceitar o próximo, é crescer até o dia que pudermos dizer "EU E O PAI SOMOS UM".

23
Virtudes e Defeitos: Um Estudo em Grupo

O Trevo nº 171 – maio de 1988

Alunos da 46ª turma da Escola de Aprendizes do CEAE-Genebra, quando estavam no primeiro ano da escola, durante várias semanas, antes do início das aulas, reuniam-se em grupos para estudo e identificação das virtudes e defeitos.

Do estudo em grupo resultou um "documento", que tem ajudado a turma a prosseguir na luta pelo autoconhecimento, estimulada pela permanente troca de idéias entre todos. É esse "documento" que transcrevemos, a seguir, na íntegra.

Os Defeitos

Devido aos envolvimentos que obstruem a nossa consciência, temos, às vezes, reais dificuldades em decifrar as artimanhas e tramas inconscientes, muitas delas até sugeridas hipnoticamente pelos irmãos invisíveis, que se apóiam nas nossas fraquezas. E, então, titubeamos, nos deixamos levar e nos desequilibramos.

Conhecendo nitidamente como se manifestam em nós os defeitos, podemos registrar mais rapidamente as ações de cada um deles e iniciar a luta interior para controlá-los, podando as suas interferências, bloqueando a sua propagação, e diminuindo as suas consequências desastrosas.

ORGULHO

O orgulhoso vive numa atmosfera ilusória, de destaque social ou intelectual, criando, assim, barreiras muito densas para penetrar na realidade do seu próprio ser. Na maioria dos casos, o orgulho é um mecanismo de defesa para encobrir algum aspecto não aceito de ordem familiar, limitações de sua formação escolar-profissional, ou mesmo o resultado do seu próprio posicionamento diante da sociedade, da imagem que escolheu para si mesmo, do papel que deseja desempenhar na vida, de “status”.

Defeitos sinônimos ou relacionados: arrogância, ironia, deboche, menosprezo, insolência, petulância, sarcasmo, teimosia, prepotência.

VAIDADE

A vaidade, sorrateiramente, está quase sempre presente dentro de nós. É muito sutil a manifestação da vaidade no nosso íntimo e não é pequeno o esforço que devemos fazer na vigilância, para não sermos vítimas daquelas influências que encontram apoio nesse nosso defeito. De alguma forma e de variada intensidade, contamos todos com uma parcela de vaidade, que pode estar se manifestando nas nossas motivações de algo a realizar, o que é certamente válido, até certo ponto. O perigo, no entanto, reside no excesso e no desconhecimento das fronteiras entre os impulsos do idealismo, por amor a uma causa nobre, e os ímpetos de destaque pessoal, característicos da vaidade.

Defeitos sinônimos ou relacionados: egocentrismo, egoísmo, ostentação, luxúria, frivolidade, materialismo, falsidade, ambição.

INVEJA

Ao constatarmos nos outros algo que desejaríamos possuir, manifestamos uma vibração de ódio gratuito para com eles, como se fossem culpados da nossa condição precária, da remuneração baixa ao trabalho material, ou de qualquer outro aspecto limitante dentro das dificuldades em que vivemos.

Vivemos no permanente erro de sempre culpar alguém pelos males que sofremos, como fuga a um olhar corajoso para dentro de nós mesmos, onde encontraríamos as causas, remotas ou próximas, dos tormentos de hoje.

Defeitos sinônimos ou relacionados: raiva, maledicência, injúria, calúnia, cobiça, rancor, lamentação.

CIÚME

O nosso apego aos objetos e às pessoas tem, no ciúme, uma das suas formas de manifestação. O zelo demasiado, o cuidado excessivo, a valorização descabida aos nossos pertences chegam à raia da preocupação, do desequilíbrio, do desassossego, nas reações do indisfarçável ciúme. É mesmo um estado febril, de intranquilidade, que pode nos tirar o sono muitas vezes.

O ciúme anda próximo da inveja. Ambos são expressões da cobiça, e se manifestam no nosso desejo de posse ou na nossa condição possessiva, ambiciosa, egoísta.

Defeitos sinônimos ou relacionados: cobiça, ambição, egoísmo, incompreensão, intolerância, desrespeito, desespero, raiva, rancor.

AVAREZA

A avareza diz respeito igualmente ao apego específico ao dinheiro e aos objetos materiais que possuímos. O homem avaro é o egoísta que nega o auxílio pecuniário a quem lhe bate à porta, desprezando as oportunidades de servir, e até mesmo de ouvir quem lhe venha pedir socorro.

O avaro centraliza sua preocupação na aquisição do dinheiro ou nas diversas formas de enriquecimento. Para ele, o objetivo principal da existência é o dinheiro e o que ele lhe proporciona para usufruto.

Defeitos sinônimos ou relacionados: egoísmo, materialismo, indiferença, impiedade, ingratidão.

ÓDIO E AGRESSIVIDADE

O ódio é manifestação dos mais primitivos sentimentos do homem animal, que ainda guarda no Espírito em evolução os resquícios do instinto de conservação, sob as formas de defesa, de amor-próprio. Manifesta-se desde os aspectos mais sutis, dissimulado na hipocrisia social e nas formas de antipatias, aos atos mais cruéis e brutais de violência.

Podemos, de maneira geral, identificar as nossas manifestações de ódio nos diferentes campos, que compreendem as emoções, os pensamentos, as palavras e os atos agressivos.

Defeitos sinônimos ou relacionados: rancor, raiva, vingança, agressividade, ressentimento, desumanidade, violência, revolta, crueldade, hostilidade.

VINGANÇA

A vingança se manifesta em nosso íntimo como reação carregada de forte emoção, por uma ofensa a nós dirigida. São também as formas dos revides, em discussões acaloradas, quando trocamos grosserias, os propósitos violentos de vingar crimes cometidos a familiares. Em geral, são as emoções muito fortes do ódio que levam as criaturas a atos criminosos de vingança.

Defeitos sinônimos ou relacionados: ódio, vaidade, orgulho, inconsequência, impulsividade.

MALEDICÊNCIA

A tendência perniciosa que trazemos de comentar o mal frequentemente se manifesta nas conversações que costumamos manter nos círculos entre "amigos". Quando entra em pauta tecer referências a pessoas, parece ser até irresistível a abordagem dos aspectos mais desabonadores das criaturas. E não fica apenas nisso. O que é muito pior são os acréscimos por conta da imaginação doentia, nas calúnias e interpretações malévolas que se fazem.

Defeitos sinônimos ou relacionados: maldade, inimizade, preconceitos, inconsequência, calúnia.

INTOLERÂNCIA

O intolerante não perdoa, nem mesmo atenua as falhas humanas e, por isso, falta-lhe a moderação, nas apreciações para com o próximo. Vê apenas o lado errado das pessoas, o que em nada estimula o bem proceder.

A fácil irritação é também um aspecto predominante do tipo intolerante. O senso de análise e de crítica é nele muito forte. Na sua maneira de ver, quem erra tem que pagar pelo que fez. Não há considerações que possam atenuar uma falta.

Defeitos sinônimos ou relacionados: incompreensão, rispidez, severidade, intransigência, irritabilidade.

IMPACIÊNCIA

A impaciência, em qualquer área de aprendizagem, indica sempre desconhecimento dos reais valores espirituais. É apego aos bens passageiros, que estimulam nossas necessidades imediatas, mas que nos escravizam aos condicionamentos dos sentidos físicos.

Defeitos sinônimos ou relacionados: nervosismo, precipitação, impertinência, irritabilidade, imprudência, lamentação.

NEGLIGÊNCIA

O indivíduo negligente é aquele descuidado das suas obrigações, ou seja, sabe o que deve e precisa fazer, mas deixa para depois, relaxa, faz "corpo mole".

A negligência pode também indicar desinteresse no que nos cabe fazer, no esforço próprio que precisamos desenvolver para nos aperfeiçoar progressivamente. Não tendo o devido interesse no que pretendemos realizar, evidentemente o negligenciamos, o que é mesmo mais comum, ou seja, o comodismo atua com predomínio em nossas ações.

Defeitos sinônimos ou relacionados: irresponsabilidade, inconsequência, preguiça, imprevidência.

OCIOSIDADE

Ser ocioso é gastar o tempo inutilmente, sem proveito; é desperdiçá-lo inativamente. O trabalho é uma lei imperiosa da Criação, tudo se desenvolve, caminha, evolui, produz-se como consequência dele, e, como tal, o que a ele se opõe, é nocivo, prejudicial.

Defeitos sinônimos ou relacionados: preguiça, irresponsabilidade, comodismo.

As Virtudes

A palavra "virtude", nos dicionários, é assim definida: "Disposição firme e constante para a prática do bem".

Temos, nas virtudes, aqueles padrões de comportamento que um dia chegaremos a vivenciar espontaneamente, sem que para isso nos custe algum esforço. Reagiremos de modo natural, por hábito, com bons sentimentos, sem dificuldades.

É preciso compreender que a atitude virtuosa deve estar despida do interesse pessoal, ou das intenções ocultas. A maior qualidade que a virtude pode ter é a de ser praticada com a mais desinteressada caridade, o que lhe confere grandioso mérito.

HUMILDADE, MODÉSTIA, SOBRIEDADE

Para podermos ser verdadeiramente humildes devemos, quando estivermos nos dando muito valor, por aquilo que possuímos financeiramente, pela posição social à qual chegamos, pelo cargo que ocupamos, ou pelo conhecimento adquirido, no elevado conceito que possamos fazer de nós mesmos, meditar seriamente, com urgência, no falso rumo em que nos achamos e esforçarmo-nos em refrear os ímpetos de revolta, de inconformação, as exaltações de ânimo, os melindres, as queixas, indicativos de nosso engano.

Em poucas palavras, podemos dizer que ser humilde, modesto e sóbrio é ser: despretensioso; conformado; resignado; simples; submisso; respeitoso; reservado; comedido; moderado.

RESIGNAÇÃO

Para sermos resignados precisamos aprender a não lamentar a nossa sorte e a aceitar com submissão paciente os sofrimentos da vida.

Pelo que já entendemos do valor que representa o sofrimento, no burilamento do nosso Espírito, nas ações corretivas ao nosso orgulho, como colheita dos males que tenhamos plantado ontem, é a resignação o melhor testemunho da nossa compreensão, a melhor prova do nosso amor a Deus.

Virtudes sinônimas ou relacionadas: humildade, compreensão, sensatez.

SENSATEZ

Sensato nas suas determinações é aquele indivíduo judicioso, que age com cautela e sabedoria. Sabedoria pressupõe conhecimento das verdades espirituais e, portanto, da importância dos fatos e ocorrências da vida como meios para nos elevar na escalada da evolução espiritual. Assim, a visão desse ângulo, quando somos chamados a agir, é posição que devemos tomar, para sermos coerentes com a lei divina ou natural que a tudo preside.

Virtudes sinônimas ou relacionadas: prudência, ponderação, compenetração, consequência, temperança.

PIEDADE

O sentimento, que é a manifestação da alma, se amplia na medida em que nos despojamos dos interesses egocêntricos, abandonamos os apegos aos nossos pertences e nos voltamos para o bem-estar dos que estão ao nosso redor. As satisfações que nos preenchem a alma transbordam do nosso íntimo, abrangendo os semelhantes, e apenas se completam quando proporcionamos a eles algum benefício. Desponta, então, dentro de nós, a devoção, e a piedade cresce como precursora que é da caridade, a mais sublime das virtudes.

Virtudes sinônimas ou relacionadas: caridade, bondade, benevolência, compaixão, misericórdia.

GENEROSIDADE

A generosidade é característica dos que aplicam a caridade com naturalidade, com espontaneidade.

Quem é generoso não sente dificuldade em ser bom, não lhe é um sacrifício. Pelo contrário, o faz por gosto e satisfação, não se cansa, não se irrita, não se perturba.

A abnegação — que também é oposto do egoísmo — é indicativa daquilo que fazemos generosamente em favor de alguém, ou de alguma causa, sem interesse próprio, com esquecimento de nós mesmos, ou até com sacrifício do que possa nos pertencer.

Virtudes sinônimas ou relacionadas: beneficência, desprendimento, caridade, desinteresse, despojamento, boa-vontade, prodigalidade, doação.

AFABILIDADE, DOÇURA

Aí está a maneira prática de verificarmos, em nosso relacionamento social, se apenas nos servimos do verniz superficial, que o mínimo de educação nos ensina, ou se estamos verdadeiramente expressando, em nossas cortesias, a benevolência para com os semelhantes.

Precisamos desenvolver a afabilidade e a doçura, não apenas no trato formal, mas em profundidade, interiormente.

Entendemos, assim, que é necessário valorizar, no nosso convívio social, cumprimentos, saudações, agradecimentos, votos e quaisquer expressões ditas formalmente em ocasiões que lhe são próprias, para aplicarmos o amor ao próximo, procurando, desse modo, sentir com o coração aquilo que pronunciamos em benefício de alguém.

Virtudes sinônimas ou relacionadas: meiguice, ternura, serenidade, suavidade, brandura, cortesia, educação, bondade, carinho, pacifismo, gentileza, delicadeza, pureza, bom-humor.

COMPREENSÃO, TOLERÂNCIA

Para sermos compreensivos precisamos estar preparados para aceitar as reações, a conduta, o modo de ser das pessoas, sem prejulgamentos ou condenações. Precisamos estar preparados para aceitar as criaturas como elas são, do jeito que elas se expressam, até mesmo quando corrompidas, criminosas, assaltantes, prostitutas ou viciadas.

O sentimento de tolerância é uma consequência da compreensão. Como não nos cabe salientar os erros e defeitos alheios, nem mesmo criticá-los, devemos admitir, desculpar, aceitar, perdoar, atenuar e mesmo comutar esses erros.

Virtudes sinônimas ou relacionadas: perdão, transigência, justiça, amizade, indulgência.

COMPANHEIRISMO

O espírito de competição reinante entre grupos e pessoas tem gerado desentendimentos, incompatibilidades, desuniões.

O que precisamos é combater o personalismo, desenvolvendo o companheirismo por todos os meios, para não desviarmos nossa missão de produzir e propagar o bem que a Doutrina nos ensina.

Virtudes sinônimas ou relacionadas: amizade, fidelidade, consideração, interesse, fraternidade, solidariedade, respeito, lealdade.

RENÚNCIA

Renunciar é principalmente não viver preso à posse de valores monetários. Mas é também estar liberto da importância dada aos valores profissionais, intelectuais, sociais ou políticos.

Em poucas palavras: ninguém precisa ser rico ou socialmente evidenciado para ser respeitado, admirado ou amado.

Virtudes sinônimas ou relacionadas: desprendimento, despojamento, submissão, resignação, honestidade.

PACIÊNCIA

Estamos vivendo uma fase muito crítica. Nunca estivemos precisando tanto de paciência e calma como agora. Até parece que todos os nossos valores íntimos estão sendo testados. É hora de definições e toda a nossa resistência está sendo colocada em prova. Observemos tudo isso com muita seriedade e extremo cuidado, pois estamos sujeitos a sucumbir diante de nossas necessidades "urgentes" do dia-a-dia.

Virtudes sinônimas ou relacionadas: boa-vontade, tolerância, fé, calma.

VIGILÂNCIA

A observação de nós mesmos deverá ser aplicada de modo permanente, e não apenas quando já ocorreu a transgressão. Entendemos claramente que a vigilância define um trabalho preventivo e não corretivo.

A vigilância, tem, assim, sua atuação como meio de combate aos defeitos, de algum modo já conhecidos e identificados, para que, com a devida antecedência e precaução, evitemos as ocorrências dos mesmos.

Virtudes sinônimas ou relacionadas: abnegação, honestidade, autenticidade, sinceridade, autocrítica.

DEDICAÇÃO, DEVOTAMENTO

Dedicar-se com desprendido amor a um trabalho em favor do próximo é devotamento. Assumindo uma tarefa, a valorizamos quando realizamos com dedicação, sem medir esforços ou sacrifícios, o que precisamos verificar em nossos compromissos de quaisquer espécies.

Compreendemos que os primeiros passos na caridade, de início dados com certa relutância e até má vontade, com o correr do tempo as nossas disposições de sentimentos vão se refinando e progressivamente vão se elevando, até chegarem nas desejadas expressões de devotamento.

Virtudes sinônimas ou relacionadas: coragem, fé, perseverança, otimismo, convicção, doação.

24
Conhecer e Sentir

O Trevo nº 175 – setembro de 1988
Valentim Lorenzetti

Conhecimento e sentimento são duas virtudes-meio da grande virtude do Amor.

O conhecimento é a estrutura onde o sentimento se apóia. Um, sem o outro, é como cabo sem eletricidade, rio fora do leito, trilho sem locomotiva, fogo sem controle.

O sentimento dignifica o conhecimento. O conhecimento torna o sentimento mais produtivo. Sem conhecimento, o sentimento pode se transformar em pieguismo; sem sentimento, o conhecimento se transforma em algoz do ser humano.

O conhecimento espírita abre a porta para a reforma social, a partir da reforma do sentimento do próprio espírita. Quem fica apenas no conhecimento doutrinário, sem mobilizar o seu íntimo para a renovação dos próprios sentimentos, é somente intelectual. Quem conhece e se modifica é renovador.

Intelecto desenvolvido e sentimento renovado são as qualidades essenciais do homem do futuro. A Escola de Aprendizes do Evangelho é um dos caminhos do homem para aproximar esse futuro do presente.

25
Uma Nova Postura Para o Expositor

O Trevo nº 176 – (out de 1988)

No dia 25 de setembro, no CEAE Genebra, em São Paulo, realizou-se o Encontro de Expositores de Escolas de Aprendizes da Aliança, com a participação de 50 companheiros de 18 Grupos Integrados. Após mais de uma hora de troca de idéias, de forma livre, entre todos os presentes, o companheiro Jacques, diretor geral da Aliança, fez proveitosas colocações que podem se resumir na seguinte postura: **o potencial de crescimento, numa Escola de Aprendizes, está no grupo, do qual o expositor faz parte.**

Jacques Conchon começou historiando a evolução da "pregação" espírita, a partir da época dos grandes oradores que assomavam à tribuna para emocionar as massas, na década de 50. Tais oradores, de grande valor na época, utilizavam um esquema exortativo em sua palestra e colocavam-se como "indicadores do caminho".

Por volta de 1960, o orador se transforma em "expositor". A Doutrina é muito clara — diz Jacques —, só precisa ser exposta. Exposição que deve ser coerente, de maneira a motivar o ouvinte a iniciar um processo de modificação de si mesmo. Contudo, esse esquema era ainda "autoritário": o expositor ficava alguns degraus acima dos ouvintes; não se igualava para aprender junto.

A ESCOLA DE APRENDIZES

Confessando que ele mesmo mudou, e continua mudando sua postura com relação ao outro, Jacques ilustrou essa sua mudança dizendo que, há 15 anos, quando a Aliança começava, ele dava muito valor às técnicas de exposição. "Utilizávamos recursos audiovisuais até bastante sofisticados para a época, para jogar sobre a classe uma quantidade de informações. Quando encerrávamos a aula, o ambiente estava frio, a classe havia apenas assistido e não participado. Estávamos distantes do aluno, só havíamos transmitido informação e não permutado vivências".

Hoje — continua Jacques — temos muito claro que o expositor (aliás, mesmo este nome deveria ser mudado, porque traz uma conotação autoritária) deve motivar a participação plena do grupo, não importa o tamanho da classe. A tendência é o aluno querer **assistir** a aula, e, nessa tendência, ele se dá ao luxo de dormir em classe se considerar que o expositor não está se saindo bem. Essa tendência tem de ser modificada, com a participação do expositor e do dirigente da turma.

"Precisamos mudar a tendência de colocar o expositor num lugar elevado e dar à turma nenhuma responsabilidade. Na Escola de Aprendizes as aulas não são acadêmicas. A Escola traz, para todos nós, uma proposta de crescimento, de renovação de sentimentos, de expansão do coração. É preciso que o expositor fique junto com os alunos, colocando o tema da aula para discussão em grupo, para afloramento de vivências pessoais de cada elemento da turma. Não é o expositor, isoladamente, que deve se preparar: é a turma que deve se esforçar por se elevar, tendo o expositor como um de seus membros".

Nessa altura, Jacques fala do "curso de expositores" da Aliança, que deve ser reformulado. É um curso que prepara "autoridades" em exposição, não companheiros que se misturam na classe, para crescer junto com ela. "No curso, dizíamos que a exposição tem começo, meio e fim, e que no encerramento poderíamos até decorar um fecho. Isso já é superado; o fecho quem deve dar — se o quiser — é a turma como um todo. A aula não precisa ser conclusiva, ela deve ser motivadora. Cada aluno deve se sentir participante, importante. Precisamos reverter a tendência de dar muito valor ao expositor com relação ao grupo. O expositor caminha e aprende com o grupo; é um igual em busca de conhecimento.

"Temos ouvido muita gente falar que estão faltando líderes no Espiritismo", disse Jacques. "Os líderes carismáticos são do passado, e tiveram seu extraordinário valor. Hoje, todos são líderes. O aluno é um líder, principalmente se motivado adequadamente pelo dirigente e pelo expositor. É um líder liberto de imposições, em busca de seus próprios caminhos de crescimento. Como expositores, no mesmo nível da classe, temos de estimular esse crescimento sem dependências" — concluiu Jacques.

26
Postura Mais Aberta

O Trevo nº 481 – março de 1989
Valentim Lorenzetti

Temos encontrado dirigentes de Escola e expositores muito preocupados com o que se convencionou chamar de "a nova postura do expositor" na classe. "Agora a gente vai ser obrigado a dar toda aula dentro desse sistema?", perguntam, aflitos, muitos deles.

A própria pergunta já encerra uma contradição. Se se sentir obrigado a fazer isso ou aquilo já deixa de ser postura, para ser imposição ou ritual. A postura tem, antes, de ser assimilada, aceita livremente. Se não a aceitamos, não podemos passá-la a ninguém; se não a vivenciamos, não podemos entusiasmar ninguém a vivenciá-la.

O ideal, neste caso, como dirigentes e expositores, é caminharmos juntos, lado a lado, com a classe. Nem acima, nem abaixo. Nem do lado. Juntos, no mesmo nível, crescendo juntos, estudando juntos, nos reciclando sempre com as experiências relatadas pelo grupo.

De nada adianta colocarmos a classe num círculo, se continuarmos ensinando de cima para baixo, se nossa postura continua autoritária. Não é o círculo que vai mudar a postura; é a mudança de nossa postura que vai formar o círculo.

Se o expositor não se sente à vontade para facilitar a discussão do tema, que faça a exposição de forma tradicional. Mas que, lentamente, vá-se preocupando em abrir o assunto para a classe participar; que não tema confessar que desconhece certas questões colocadas pela classe e que saiba com humildade abrir-se e perguntar se há alguém na classe que tenha a resposta.

Postura aberta aprende-se exercitando abertura. Para exercitar temos de abrir mão da imagem de "donos do assunto". Em Espiritismo não há dogmas nem imposições, é Doutrina de postulados abertos.

O radicalismo é que tem matado muitas Escolas. “Tem de ser assim” e não se explica por quê. Do radicalismo para o ritualismo é um passo. Não vamos dar aulas em círculo “porque agora tem de ser assim”. Acaba virando ritual. Primeiro, procuremos entender que a Escola é centrada no grupo, não no dirigente ou no expositor. O dirigente e o expositor fazem parte do grupo. Se entendermos bem este conceito, esta postura, o círculo se formará naturalmente.

27
Fragmentos de Uma Caderneta Pessoal

O Trevo nº 183 – abril de 1989

A seguir, algumas anotações de caderneta pessoal de um aluno da Escola de Aprendizes do Evangelho. Percebe-se que são anotações de alguém que está exercitando autoconhecimento para crescer.

Assim como tenho um pouco (ou muito) de todos os defeitos, acredito que tenho também um pouquinho de todas as virtudes. Mas, dentre elas, gostaria de ter compaixão, saber perdoar e ter compreensão.

Fico muito magoada quando percebo alguém falar mal de mim pelas costas. (***Orgulho***)

Não é bom me preocupar tanto com meus próprios problemas. (***Egoísmo***)

Fico com raiva quando alguém me responde de forma brusca, mesmo que a pessoa tenha razão. (***Orgulho***)

Ter medo de não ser aceita, de ser criticada, julgada, é ter ***vaidade***.

Tenho de tomar cuidado para não falar mal dos outros. (***Maledicência***)

Não posso me esquecer de fazer uma auto análise (revisão) de tudo que fiz durante o dia, toda noite.

Que mania de fazer as coisas afobadamente. É preciso fazer as coisas com calma. (***Paciência***)

Sinto tanto medo (meu coração fica aos pulos) quando vou expor meu tema à frente dos companheiros. (***Vaidade***)

Estou com dor de cabeça esses dias, de tanta preocupação e inconformação por problemas lá no trabalho (***Orgulho***? ***Falta de fé***? ***Vaidade***?)

Ando tão irritada por causa de uns problemas. Mas só por isso não posso ficar tratando mal as outras pessoas.

Acho que o que sinto é medo de recomeçar (***Vaidade***), é vergonha de recomeçar.

Não posso me esquecer que amar é como admirar o pôr do sol, sem cobranças nem exigências. Do contrário, é ***egoísmo***, ***possessividade***.

Tenho de ter a coragem de dizer "não".

É preciso manter a calma, mesmo quando a outra pessoa tem opinião contrária à nossa. Não vale a pena irritar-me. Tenho de tomar cuidado.

Detesto ser mandada. (***Orgulho***)

Acho que tenho de ter paciência também comigo mesmo e não me sentir culpada por não ser melhor do que sou.

Nos momentos de grandes dificuldades não posso me esquecer que os amigos espirituais nos amparam. (***Fé***)

Devemos ter obediência a Deus; então não podemos nos preocupar tanto em relação ao futuro. (***Inconformação***)

Não posso ficar cultivando o pessimismo.

Detesto dizer a minha idade ou o ano em que nasci. (***Vaidade***)

Quando as coisas correm de forma diferente do que eu acho correto (às vezes), fico com tanta vergonha. (***Orgulho***, ***vaidade***)

28
Postura do Expositor

O Trevo nº 187 – setembro de 1989

Em encontro realizado no dia 12 de agosto, no CEAE Genebra, presentes 25 dirigentes e expositores de Grupos de São Paulo (capital e interior), pôde-se melhor esclarecer a chamada nova postura de aulas nas Escolas de Aprendizes do Evangelho.

Ficou claro que o novo esquema de aula (transformando a classe num grupo de vivência, onde expositor e dirigentes são simples participantes) não pode ser aplicado para qualquer aula.

A nova postura aplica-se para as aulas onde podem ser colocadas vivências, isto é, basicamente as aulas em que os ensinamentos de Jesus e os esclarecimentos da Doutrina Espírita permitam a cada participante expor seus sentimentos.

Esclareceu-se, também, que, sendo postura, não pode ser imposta a nenhum dirigente ou expositor. É algo a ser buscado e aperfeiçoado no dia-a-dia da experiência de cada um. Como postura, indica um caminho: a turma da Escola de Aprendizes do Evangelho não pode ser centrada no expositor nem no dirigente; o centro é a própria turma, que deve crescer em participação, assumindo responsabilidades nos campos individual e social.

29
Dinâmica de Vivências

O Trevo nº 190 – dezembro de 1989
Dulcinea Acuña

Nos últimos meses vêm acontecendo reuniões com o objetivo específico de procurar compreender melhor o que seja a chamada "Nova Postura do Expositor". Já em *O Trevo* de março de 1989, encontrávamos uma breve explanação sobre o assunto, muito simples, mas esclarecedora. Porém parece que o assunto sendo abordado com uma certa preocupação por dirigentes e expositores e envolto, ainda, em uma série de dúvidas.

Em agosto tivemos um encontro para discutirmos o assunto, onde foi delineada uma classificação que julgamos importante.

A postura de uma aula poderia sugerir quatro modalidades:

1) Oratória — aquela postura carismática dos grandes oradores, onde o assunto é trazido em grande emoção, pela eloquência vibrante do orador, centralizador de todas as atenções. O desenvolvimento e a conclusão do tema restringem-se única e exclusivamente ao orador, a quem cabe 100% da responsabilidade da aula.

2) Exposição — uma postura mais didática, onde o apresentador do tema aborda o assunto de acordo com o seu ponto de vista e deixa os 5 ou 10 minutos finais para que sejam feitas perguntas e observações: 90% da responsabilidade é do expositor e 10% da classe. O expositor ainda é o centro das atenções.

3) Dinâmica de Grupo — expositor, dirigente e aluno se integram de forma que idéias sejam trocadas sobre o assunto, sob a coordenação do expositor, que pode, inclusive, utilizar técnicas que facilitem a integração grupal, havendo maior participação de todos. Ao final, o expositor, enfeixando as idéias do grupo, passa a concluir sobre o assunto. A responsabilidade da aula, aqui, está dividida em 50% para o expositor e 50% para os alunos.

4) Vivência — nesta forma de apresentação, expositor, dirigente e aluno fazem parte do grupo de vivência, onde a aula fica em aberto para que todos coloquem suas emoções, sentimentos, vivências interiores, diante do tema apresentado. A figura do expositor é transparente, está diluída no grupo, onde a responsabilidade da aula é de 100% para cada elemento do grupo.

Acreditamos que esta proposta de abertura tenha um fundamento prático, onde diante das necessidades e experiências vamos encontrando formas mais adequadas de alcançarmos o objetivo da Escola.

Porém enfatizamos a abordagem contida em *O Trevo* de setembro de 1989, esclarecendo que uma postura não pode ser imposta. Ela é assumida num impulso interior gerado pela experiência, necessidade, vivência de cada um.

Muito importante é a troca de experiências no aperfeiçoamento de um trabalho e acredito que é isto que está ocorrendo com companheiros nossos, que, vivenciando novas formas de apresentação de um curso, buscaram compartilhar com todos a experiência vivida, a fim de que pudéssemos expandir a nossa visão, que não pode, de forma alguma, se tornar radical e dogmática. Cabe a cada um, dentro de suas possibilidades, colocar em prática estas experiências, longe de violar suas características próprias. Não chegamos à perfeição assumindo posições porque nos foram impostas e sim porque acreditamos nelas. Utilizando o bom-senso, as experiências dos companheiros e a nossa própria, aprofundando-se no estudo e na renovação interior, acreditamos que cada expositor vai encontrando formas cada vez mais aprimoradas de alcançar os objetivos da Escola de Aprendizes.

30
Estágio Probatório

O Trevo nº 190 – dezembro de 1989
Valentim Lorenzetti

No programa da Escola de Aprendizes do Evangelho, terminado o curso, antes do exame espiritual para ingresso na FDJ, há um período mínimo de três meses de estágio probatório.

Nesse período o servidor, livre da disciplina das aulas, tem tempo para melhor analisar-se a si mesmo (atos, pensamentos e emoções) a fim de avaliar se tem condições de postular o ingresso na FDJ.

Isto porque o ingresso na FDJ tem de ser um ato consciente do servidor, assumido individualmente. Não é a turma que ingressa na FDJ, é o aluno; não é porque o dirigente diz que a turma deve fazer exame para ingresso, que o servidor deve necessariamente submeter-se a esse exame.

A decisão de ingressar ou não, deve ser tomada na intimidade de cada um, principalmente durante o estágio probatório. Durante o período escolar, quase tudo é alegria, o encontro semanal com os amigos é uma bênção, o entusiasmo é quase sempre crescente em nossos corações.

Terminado o curso, já não encontramos os colegas com regularidade, o dirigente não está presente para nos dar apoio, enfim chega a hora de aplicarmos o que aprendemos e assumirmos a responsabilidade. É hora de testemunhos. O discípulo é aquele que testemunha o Mestre, que sabe o que fazer sem ser mandado; ou, se mandado, faz o trabalho pelo prazer do trabalho e não para receber qualquer tipo de gratificação.

Por isso, o estágio probatório. Um período mais ou menos curto entre o fim do curso e o exame para ingresso na FDJ. É justamente nesse espaço de tempo em que o servidor terá uma "amostragem" do campo aberto de trabalho e testemunhações, livre das exigências e do calor da Escola. Cada qual deve analisar como sente em si esse período. E, depois de analisar, faça os lançamentos na caderneta pessoal.

Há três caminhos a escolher: a) permanecer servidor por mais tempo; b) pedir mais tempo de estágio probatório; c) considerar-se já em condições de passar pelo exame espiritual para ingresso na FDJ.

31
A Escola de Aprendizes

O Trevo nº 2014 – novembro de 1990
Edgard Armond

A Escola de Aprendizes do Evangelho, estágio de preparação espiritual para ingresso na Fraternidade dos Discípulos de Jesus, foi criada em 1950, tendo sido inaugurada no dia 6 de maio desse ano, na Federação Espírita do Estado de São Paulo.

Em outubro do mesmo ano, ao fazer a apresentação do 1º volume da série *Iniciação Espírita*, dissemos: "Desde o momento em que nos convencemos da necessidade de se colocar à disposição dos espíritas meios mais seguros e objetivos de realizações no campo da Reforma Íntima, vimos logo que seria útil a elaboração de um sistema de iniciação espiritual, com base nos Evangelhos, em graus sucessivos de aproveitamento, em caráter público e, em consequência, permitisse a inscrição de todos aqueles que se julgassem aptos a semelhante esforço".

Idealizamos, assim, um sistema de aprendizado em três graus, a saber:

A iniciação terminaria no 3º grau, porque não acreditamos haver alguém, neste mundo inferior, salvo raras exceções, capaz de realizações acima desse ponto, visto que o Evangelho é padrão de vida moral e de elevação para humanidades colocadas em qualquer altura da escala evolutiva.

No plano geral dessa iniciação seriam deveres do aprendiz: "estudar a Doutrina Espírita em todos os seus aspectos, aprofundando-se o mais possível nos conhecimentos evangélicos; adquirir noções gerais sobre outras doutrinas e religiões; frequentar aulas, reuniões educativas, sessões, conferências e tudo o mais que servisse para completar seus conhecimentos, esclarecer-se e engrandecer-se como Espírito".

"No campo interno organizar um quadro-programa de virtudes e defeitos, dando um balanço moral íntimo, a fim de se conhecer a si mesmo; estabelecer normas para o trabalho árduo e dignificante de reforma moral, iniciando a fase de exemplificações evangélicas, visando a purificação de corpo e espírito." Lançou-se um **Plano-Convite** que vai transcrito mais adiante, bem como organizou-se o programa desse aprendizado no seu período preparatório, comportando o estudo do Velho Testamento.

"A alguns confrades, dizíamos, tem causado estranheza o novo sistema que se emprega para orientar a reforma moral dos adeptos, porém, conforme se tem dito em artigos, impressos e verbalmente, pela tribuna, já é hora de se incrementar esse esforço, utilizando processos novos, de vez que a Reforma, para a grande massa espírita, caiu na fase negativa das contemporizações, das transigências com o tempo e com a própria consciência, com evidente e ruinoso desprestígio para a própria Doutrina.

"Assim, pois, aqui deixamos consignados nossos votos para que esse esforço enobrecedor dos dedicados Aprendizes desta Escola produza bons frutos e possa levantá-los para Deus; e que esses frutos se reproduzam em fartas messes nesta promissora Pátria do Evangelho.

"Todo aquele que, no íntimo de seu Espírito, sentir o desejo de entrar no caminho dessa enaltecedora iniciação, que ouvir o chamado insistente que vem do coração amoroso d'Aquele que é o caminho, a verdade e a vida, que se revista de bom ânimo e siga os mesmos rumos."

O PLANO-CONVITE

A gravidade da hora que passa, na expectativa de profundas modificações na vida do homem sobre a Terra e os avisos que nos são dados continuamente, do Alto, no sentido de se preparar o mundo para futuros dias tormentosos, exigem a formação de bases firmes para apoio da fé, da esperança e da caridade entre os homens.

A transição para o Terceiro Milênio, já tão próxima e que prenuncia maiores sofrimentos e inquietações, exige a formação de núcleos espirituais poderosos na superfície terrena, para que as verdades eternas permaneçam vivas, resistam aos cataclismos destruidores e à confusão que vai imperar no coração dos homens.

É urgente a formação de legiões de trabalhadores de boa vontade para agirem nos momentos oportunos como instrumentos conscientes, humildes e disciplinados, dos Espíritos Diretores do mundo, auxiliares do Cristo.

Em certas épocas, como a atual, o esforço individual isolado, por mais sincero que seja, não basta nem corresponde às necessidades gerais: somente organismos coletivos poderosos, fortificados na fé, dotados de espírito de renúncia e de sacrifício e apoiados pelo Alto poderão fazer frente às necessidades humanas, inspirar confiança e auxiliar a evolução.

Por isto, nesta data, se cria, nesta Federação, a **Escola de Aprendizes do Evangelho** — destinada a apressar a primeira etapa da iniciação de todos aqueles que se comprometam consigo mesmos e com Jesus:

1 — a se edificarem no estudo aprofundado do Evangelho e na sua exemplificação, segundo as possibilidades evolutivas de cada um;

2 — a eliminarem os vícios que possuam;

3 — a organizarem um quadro-programa de defeitos morais e se empenharem por extingui-los ou, no mínimo, por atenuá-los, gradativamente, num esforço contínuo de todos os dias;

4 — a realizarem um trabalho constante, sincero e definitivo, de purificação de corpo e espírito.

Se comprometam mais:

a) a manterem-se unidos, congregados fraternalmente, dispostos à formação de uma unidade espiritual poderosa, destinada a auxiliar os necessitados encarnados e desencarnados;

b) a se conservarem à disposição permanente e vigilante, dos Espíritos Superiores, auxiliares do Cristo, para a realização de suas santificantes tarefas planetárias;

c) a se esforçarem nesta fraternidade de aprendizes até que, por seus próprios atos e méritos, possam se transformar em autênticos discípulos do Cristo, em espírito e verdade.

O aprendizado será de dois anos dos quais os seis primeiros meses se destinam ao estudo do Velho Testamento e os dezoito restantes ao dos Evangelhos propriamente ditos.

Haverá revezamento de instrutores e o ensino será o mais objetivo possível, com suas conclusões focalizando não o aspecto meramente histórico dos fatos, mas sua significação espiritual para a evolução do homem, como também visando despertar no aprendiz a convicção profunda da necessidade urgente e imperativa da Reforma Íntima e da exemplificação dos ensinamentos que o Cristo nos legou.

Os pontos dados serão resumidos por escrito, distribuídos aos aprendizes e examinados pelos instrutores, a fim de que haja uniformidade no ensino; e os pontos controvertidos serão, finalmente, interpretados pelos Mentores Espirituais.

Findos os diferentes períodos do Curso, os resumos dados por escrito serão enfeixados em uma publicação especial, com as alterações aconselhadas pela experiência, para servir de base aos períodos de ensino subsequentes e publicados em uma série sob a legenda *Iniciação Espírita*.

O número de aprendizes será limitado desde que os candidatos se comprometam à mais rigorosa assiduidade, ao esforço de reforma moral e ao objetivo fundamental de se transformarem em verdadeiros discípulos do Cristo.

Ao fim do curso os aprendizes serão examinados, inclusive no que respeita à mediunidade — porque o esforço de purificação íntima desenvolve faculdades psíquicas — e conforme os resultados alcançados ser-lhe-ão cometidos novos e mais elevados encargos na seara evangélica, para que assim todos possam atingir graus cada vez mais altos e avançados na evolução.

O TESTEMUNHO DA LUZ

A história do mundo nos conta que a humanidade já passou por muitos **Juízos** de diferentes naturezas que, como também sabemos, são processos periódicos de selecionamento.

As lendas, por exemplo, de Adão e de Deucalião, os afundamentos de continentes, com extermínio de milhões de seres, são exemplos disso.

Nos dias terrenos do Cristo, o profeta João Batista pregava a penitência e o arrependimento dos pecados porque, dizia ele — os tempos eram chegados...

Estava-se em dias de julgamento.

E, de fato, o Cristo veio em uma época escura, torva, remate de um ciclo, em que as trevas da ignorância e da maldade dominavam por toda parte, tornando a atmosfera da Terra impermeável à passagem das luzes do Alto.

Os homens tinham ficado entregues a si mesmos... E a inexorável justiça divina ia se abater sobre o mundo.

Por isso, o Cristo, na sua qualidade de Verbo que constrói e Messias que salva, desceu até nós, encarnou em meio a essas trevas; com sua presença, afastou-as e mostrou o caminho, iluminando tudo em volta com a sua própria claridade.

E quando se foi, terminada a tarefa ingente, deixou essa luz condensada em seu Evangelho, para que todos dela se aproximassem e se esclarecessem.

E o que sucedeu? Os homens obedeceram? Viveram nessa luz?

Tiveram-na como alvo de suas vidas?

Muito ao contrário: desprezaram-na e permitiram que as trevas voltassem novamente a dominar por toda parte.

Por isso é que vozes do céu estão agora de novo conclamando os homens à penitência e ao arrependimento.

Os tempos novamente chegaram e o Filho do Homem, que desde então esteve sempre vindo, sempre se aproximando daqueles que o buscavam, vai realizar um julgamento para verificar como os homens se utilizaram de seus ensinamentos.

"— Quem conservou a luz e ajudou a disseminá-la sobre a Terra? Esse passe para a minha direita.

"— E quem preferiu permanecer na treva e concorreu para eternizar o seu domínio maldito? Esse passe para a minha esquerda."

Momentos decisivos se aproximam e cresce, dia-a-dia, a tarefa daqueles que, tendo amado essa luz, tornaram-se responsáveis pela sua propagação.

Mas quantos são esses? Serão muitos?

Nessa hora, quando Ele perguntar: "Deixei-te a minha luz como herança. Que fizeste dela?", o terror então imperará nos corações aflitos e muitos tentarão ainda salvar-se, dizendo: Senhor! Senhor! Tende piedade de nós.

Mas Ele dirá: "Como não tens em ti mesmo essa luz, essa claridade que salva para a vida eterna, já estás por ti mesmo, separado: passe para a minha esquerda; teu lugar é ainda no meio das sombras. Não tiveste a liberdade para escolher o teu caminho?

"Segue, pois, por ele, até que me encontres de novo.

"Porque a cada um será dado segundo suas obras."

São Paulo, 15 de outubro de 1950.

32
Vida Plena

O Trevo nº 202 – dezembro de 1990

Azamar

Ligeiras anotações feitas por ocasião da palestra proferida pelo companheiro Flávio Focássio, na nossa Reciclagem do dia 18 de novembro último:

No nosso dia-a-dia nós todos usamos máscaras vivenciais em razão dos nossos processos defensivos, isto tem um preço bem pesado: Tensão, o que é muito desgastante.

Temos de aprender a entender sinceramente o que sai das nossas bocas. O que dizemos é o que nós pensamos de verdade? É o que nós fazemos de verdade?

Tiago nos diz: "Acaso pode a fonte jorrar do mesmo lugar o que é doce e o que é amargoso?"

Temos de ter algo que nos ajude a desfazermos estas nossas máscaras, diminuir e até extinguir as tensões que são tão maléficas. Os exercícios de Vida Plena nos ajudam neste sentido, e as nossas Cadernetas Pessoais também nos ajudam nestes nossos intentos.

Nossas Reciclagens tinham carga horária de dezesseis horas, quando, então, comparecíamos empunhando nossas Cadernetas Pessoais.

Devemos procurar energias para criar coisas boas e benéficas para todos e não só para nos defendermos. Sim, criarmos o bem, a alegria, a harmonia, o bom companheirismo, e fortalecermos a boa amizade.

O Passe Espiritual não é o processo que cura. É o consciente crescimento interior do assistido o que o cura de tudo. Por isso o convidamos para fazer o Curso da Escola de Aprendizes do Evangelho. Ele passa de combalido a um elemento ativo, ajudando aos outros também a se curarem de tudo, trabalhando também para o maior bem de todos, sempre impregnados das vibrações de Amor de nosso mestre Jesus Cristo.

Rotina é morte imperceptível. Rotina e preconceitos malévolos caem com os nossos exercícios de Vida Plena. Exercício de Vida Plena é valorizar a compreensão de que nossa vida é um processo de eterno vir-a-ser.

Devemos propugnar por um Espiritismo de vivos para vivos (isto é, de encarnados para encarnados), conforme nos alerta o nosso grande companheiro Leopoldo Machado.

As Escolas de Aprendizes do Evangelho são Escolas Iniciáticas. Ser religioso não é ir ao Centro Espírita receber Passes Espirituais rotineiramente, mas, sim, ser religioso é transformar-se para o melhor para todos, é transformar fracassos em boa-vontade para com todos.

Os obsessores são úteis, pois nos fazem despertar para a nossa automelhoria. Devemos encarar tudo isso num processo completamente amoroso, respeitoso e seriamente. Eles nos estão fazendo procurar boas soluções, fazendo-nos sair das nossas rotinas maléficas.

Procurar soluções melhores sempre é bom, isto é a verdadeira vida. Eles, os nossos obsessores, chegam a nos fazer sentir: "Eu preciso fazer algo de bom por mim mesmo".

Somos seres coletivos. Anteriormente nossos pensamentos eram: "Faço isto porque é bom para mim, o resto que se lixe".

Hoje, pensamos e nos perguntamos: "Devo fazer isto? Isto é bom para mim? Isto também é bom para os outros? Eu não vou prejudicar a ninguém? Então devo fazer. Se não é bom para os outros eu não devo fazer mesmo".

Luciano de Paulo, mentor espiritual do CEAE-Vila Nova Manchester, bondosamente, nos disse numa certa ocasião: "As Escolas de Aprendizes do Evangelho são *um apalpar coraçõezinhos, um sentir sentimentos*".

Exercícios de Vida Plena são vivências não de forma filosófica. Se cada um dos participantes tiver a certeza de que nenhum outro participante vai contar para ninguém o que eu expressar durante o Exercício de Vida Plena, eu vou me abrir sinceramente. É necessário que todos sintam ameaça zero, agressão zero.

À medida que nós nos permitimos extravasar nossas máscaras, nós todos nos melhoramos. Nestas ocasiões podemos sortear e trabalhar frases de fundo defensivo, e, inclusive, trabalhar com as nossas Cadernetas Pessoais.

Mexer com nossas estruturas de personalidade não é fácil, mas nos ajuda. Devemos ouvir religiosamente os outros.

(Pedimos licença para complementar: o ideal é que os outros também falem religiosamente. Quando, em âmbito mais generalizado, alcançaremos isto? Ano 2500, 3500?... Distante, não?... Mas devemos dar os primeiros passos. Vamos lá?!)

33

Novos Testes da Escola de Aprendizes do Evangelho

O Trevo nº 203 – janeiro de 1990

Durante o ano de 1990, os Grupos Integrados reuniram esforços no sentido de aperfeiçoar os testes da Escola de Aprendizes, de modo a deixá-los mais coerentes com a postura mais aberta e participativa adotada com a renovação do programa e reciclagem de dirigentes e expositores. As contribuições foram recebidas e organizadas pelo C. E. Mansão da Esperança, que, com o auxílio de um grupo de companheiros da Regional Capital-SP, compilou uma sugestão-base.

Esta, submetida ao Conselho de Grupos, sofreu novas modificações. Novamente os companheiros do CEME compilaram as contribuições dos Grupos integrantes do Conselho, na forma de dois modelos, que finalmente foram discutidos em reunião da Assembléia Geral de Grupos Integrados, realizada durante a Reunião Anual da Aliança, em 8 de dezembro de 1990, na Casa de São José. Escolhido o modelo definitivo, a Assembléia encarregou uma pequena comissão, entre os membros presentes, de ultimar a forma final de redação, que segue publicada[10]:

Observações sobre os testes (para dirigentes e secretários de turmas)

1º Teste: o objetivo é motivar a reflexão do aprendiz diante das finalidades e métodos da Escola de Aprendizes do Evangelho, através de uma dissertação **breve e objetiva**. Não precisam ser mencionados dados da vida pessoal do aluno, apenas seu posicionamento (deve ser distribuído quatro aulas após o primeiro recolhimento da Caderneta, e no máximo até a 23ª aula[11])

2º Teste: como o objetivo é mostrar a auto-análise na questão dos vícios, o dirigente deve esclarecer sobre a distinção entre vício e defeito, com exemplos, testemunhos pessoais e ilustrações práticas. Deve ainda aproveitar a ocasião para preparar a turma para o assunto a ser mais amplamente discutido depois, na aula 56 (este teste deve ser distribuído na 29ª aula).

3º Teste: como nesta fase o aluno começa a se aprofundar no processo de autoanálise (e, portanto, de Reforma Íntima), deve ter condições para uma visão mais clara do seu estado espiritual, com bom senso e equilíbrio (evitou-se relacionar nomes de vícios, defeitos ou virtudes no texto da questão, para não limitar as alter-

[10] Os modelos dos testes estão publicados em *Vivência do Espiritismo Religioso*, Editora Aliança.

[11] As aulas referidas neste artigo são do programa de aulas aprovado em setembro de 1989, para ser adotado a partir de 1990. Este programa vigorou até 03 de março de 2003, quando foi aprovado uma nova programação de aulas.

nativas e pelo aspecto relativo e individual da questão, mas o dirigente pode citar em classe os vícios, defeitos e virtudes mais comuns, a título de ilustração). Na qualidade de servidor, o aluno deve cultivar sentimentos positivos em relação ao trabalho coletivo (este teste deve ser distribuído na 45ª aula)

4º Teste: o objetivo do teste é favorecer uma reflexão dos alunos sobre as questões de desprendimento dos bens materiais e aceitação das pessoas (este teste deve ser distribuído na 60ª aula).

5º Teste: este teste pretende levar a pessoa a pensar sobre o crescimento do Espírito ante as questões mais profundas (paz, fé, humildade) que o afetarão na vida como discípulo de Jesus, como os grandes conflitos e obstáculos, sejam exteriores ou interiores (este teste deve ser distribuído na 74ª aula).

6º Teste: o objetivo é promover um balanço geral de todas as conquistas morais do aprendiz ao longo do programa da Escola de Aprendizes do Evangelho, preparando-o para compreensão dos compromissos do discipulado (este teste deve ser distribuído na 90ª aula).

34
Reforma Íntima

O Trevo nº 225 – janeiro de 1993
Eduardo Miyashiro

Para empreender nossa luta individual contra vícios e defeitos, muitas vezes nós, aprendizes do Evangelho, nos deparamos com dois problemas: dificuldade em conceituar um defeito e dificuldade em caracterizar um defeito. Ou seja, às vezes não sabemos claramente o que é um certo defeito (por exemplo muitos confundem o orgulho com a vaidade, e o egoísmo com o egocentrismo), ou às vezes sabemos defini-lo, mas não percebemos como ele se manifesta.

Conceituar o egocentrismo é fácil: significa a tendência em pensar e fazer com que as coisas, pessoas e fatos existam sempre à nossa volta, ou seja, em função de nosso próprio ser.

Todavia, surpreendemo-nos com os múltiplos aspectos com que se pode manifestar o egocentrismo. Certa feita, conversávamos com o Ubiraci, que há bastante tempo estuda aspectos da Medicina Psicossomática aplicada à Reforma Íntima, quando ele lembrou o milagre da cura do paralítico, descrito no Evangelho, citando o beneficiado como possível exemplo de egocêntrico. Ressaltou ele a advertência de Jesus: "Levanta-te, toma tua cama e vai...". A princípio não compreendemos a referência, ao que ele acrescentou: "Um egocêntrico sempre deixa tudo largado para trás, por achar que os outros têm obrigação de arrumar tudo para ele..." Imediatamente "vestimos a carapuça", identificando em nós mesmos a tendência de deixar portas e gavetas abertas, mesas desarrumadas, livros espalhados, que somente poderia ser explicada por uma raiz de comportamento puramente egocêntrico, inconscientemente achando que os outros é que têm a obrigação de cuidar de nós e de nossas vidas.

Com essa surpresa, constatamos que, embora soubéssemos conceituar o egocentrismo, não nos havíamos conscientizado de suas formas de manifestação. E refletindo mais sobre o tema, percebemos diversas outras características, que percebemos serem possíveis manifestações de comportamento egocêntrico:

1) As diversas manifestações do sensualismo, aqui não limitado aos prazeres ligados ao sexo, mas entendido como a vontade de sentir sensações periféricas intensas, como alta velocidade, degustação de guloseimas e bebidas fortes, estimulação sexual de diversas origens, audição de ritmos inebriantes e violentos, viciação em TV e jogos eletrônicos; resumindo sensualismo = estimulação dos sentidos biológicos visando incitar o "eu" como o centro das sensações = manifestação do egocentrismo.

2) Os embates de opinião, onde aproveitamos as oportunidades para destacar nossas idéias próprias, nossos traços de personalidade,

fazendo questão de que eles se evidenciem e que todos voltem sua atenção para nosso modo de pensar e debater, e para nosso estilo de atuação; desejamos então que todos comentem sobre nós ou, em outras palavras, "concentramos" atenções = outra manifestação do egocentrismo.

3) O comportamento exibicionista, variante do anterior pelo fato de não se processar através da palavra e das idéias, mas sim pela aparência e comportamento no meio social; aqui encontramos as vestimentas extravagantes, palavreado excêntrico ou chocante, a decoração de casa muito chamativa ou a buzina de carro que acorda toda a vizinhança, atitudes que, na nossa autocrítica, disfarçamos como "força de personalidade".

4) Relacionamento no trabalho de equipe (profissional ou de lazer), quando manifestamos nossas críticas de modo agressivo, achando que "ninguém me compreende", ou que "vocês têm a obrigação de entender a minha posição", ou ainda "por que não se lembraram de mim?", frases que demonstram a nossa expectativa prévia de que os outros ajam em função de nós.

Provavelmente, pensando um pouco mais, todos nós poderemos encontrar muitas outras formas de manifestação dessa tendência centralizadora que é o egocentrismo. E, naturalmente, os exemplos que citamos não são regras fixas, mas possibilidades que nossa consciência deve analisar para ver se nos encaixamos ou não.

Não pretendemos mesmo esgotar o assunto. Apenas achamos que, nesta guerra intensa da Reforma Íntima, teremos mais vitórias se conhecermos melhor o inimigo.

35
Escola de Aprendizes

O Trevo nº 234 – dezembro de 1993
Um Amigo Espiritual

Preocupa-nos por demais a atual situação em que se encontra grande parte dos habitantes desta Terra Bendita.

As arbitrariedades cometidas contra as Leis Divinas estão por toda parte e em toda ordem.

É deprimente observar o flagelo em que se encontra a Humanidade, onde o homem, desrespeitando a si próprio, desonrando o seu papel de Filho de Deus, entrega-se com grande facilidade às arbitrariedades que citamos. E o resultado aí está: desequilíbrios e sofrimentos como consequência.

Tendo em vista essa posição, já há longo prazo, trabalhadores de altas posições espirituais se reúnem com o objetivo de reverter esse quadro.

Após longas reuniões e detalhadas discussões, esses benfeitores espirituais chegaram a um consenso. Como conclusão, observou-se que, após longa análise em diversos pontos de todo o planeta, poderiam ser de valia os princípios morais já quase esquecidos através de algo que há bastante tempo já é praticado neste país pelos irmãos encarnados; em momentos de grande inspiração do Alto e comunicação fiel com esses planos, colocou-se em prática algo bastante simples que se chama **Escola de Aprendizes do Evangelho**.

Observou-se que, apesar de a sua essência ter-se perdido um pouco durante o decorrer desse tempo, pois, com a sua expansão, o controle torna-se mais difícil, mesmo assim, naqueles locais em que se levou a sério esse trabalho, que compreenderam o verdadeiro sentido dessa escola iniciática, os resultados foram surpreendentes, no que se refere ao crescimento interior das criaturas.

Analisando essas mesmas pessoas, concluiu-se que a evolução espiritual se deu de forma muito mais objetiva, concreta e rápida. E esses indivíduos permaneceram quase como que *imunes aos despropósitos morais*.

Certo é que muita coisa precisa ser revista, pois, chegando também a este ponto, tomamos como base todos os locais em que se efetua esse trabalho, e observa-se que em muitos desses locais essa essência não é levada muito a sério, e muitos não estão devidamente apropriados para dirigir um trabalho dessa envergadura.

Nota-se que em locais mais distantes as dificuldades aumentam, e os dirigentes descategorizados para a tarefa, muitas vezes, levam até aos aprendizes exemplos deploráveis.

Para corrigir isso é preciso que se faça, em termos gerais, uma reciclagem obrigatória e bastante enérgica.

Mas, mesmo com esses pontos negativos, esse trabalho representa hoje, diante de toda a espiritualidade, a mais forte esperança na reconstrução e na evolução definitiva das criaturas habitantes deste planeta.

Por essa razão, também, preparar melhor aqueles que assumem a responsabilidade de dirigente é de suma importância, uma vez que se pretende expandir esse trabalho *internacionalmente*.

Para esse fim, várias equipes de trabalhadores altamente capacitados e especializados já se encontram nos diversos pontos espalhados em outros países, abrindo caminho para a realização concreta dessa tarefa nesses locais.

Não sabemos ainda como, mas sem dúvida os pioneiros desse trabalho no plano encarnado, que se encontram neste país, deverão colaborar efetivamente para a realização desse projeto de grande relevância.

Com novos estudos no futuro, poderíamos talvez chegar a um ponto comum de como se realizará isso.

Sabemos que algumas experiências nesse campo já se efetuaram em outros países, através da Aliança Espírita Evangélica, e é nosso objetivo que, através da ação ativa dos dirigentes da mesma, possamos dar continuidade a isso, para que se possa atingir outros núcleos.

Sabemos também que talvez a qualidade se perca um pouco pela distância, como dissemos.

Mas isso pode não ser o maior obstáculo, pois esse trabalho representa hoje uma luz que deverá brilhar e florescer nos corações de muitos, favorecendo a evolução e trazendo a conscientização do que representa o Ser Verdadeiro e Cristão. E aí, com um trabalho mais a longo prazo, poderemos visualizar um horizonte desde já mais promissor.

Somos portadores da responsabilidade de transmitir isso aos irmãos encarnados, que a princípio deverão com seriedade analisar a questão; e num futuro próximo voltaremos, a fim de novamente conversarmos a respeito com mais objetividade e com novos planos para se colocar em prática.

36
Reforma Interior

O Trevo nº 249 – março de 1995
Mayr da Cunha

Muito se tem falado e escrito sobre a necessidade da reforma interior como meio rápido, eficiente e objetivo de o aprendiz galgar degraus mais altos em busca do seu crescimento espiritual.

Durante a frequência à Escola de Aprendizes do Evangelho, este trabalho é sempre enfatizado e estimulado, num esforço contínuo, o que se torna ao longo do tempo uma atividade altamente recompensadora, posto que nós mesmos vamos acompanhando o progresso que acontece, mesmo que ele seja milimétrico. E nada mais agradável se nos apresenta do que quando fazemos uma avaliação do labor desenvolvido; vemos que a colheita nos é promissora.

No entanto, cumprida a parte do aprendizado, uma das primeiras medidas que tomamos, salvo exceções, é abandonar, por puro comodismo, ou então relegar a um plano inferior a tarefa de manter sempre atuante esse trabalho.

O que podemos observar é que, quanto mais vamos tomando consciência das nossas falhas e faltas, mais nos sentimos desencorajados para lutar.

Usamos como desculpa o argumento de que tal objetivo não será jamais alcançado. Certamente somos e continuaremos aprendizes durante longo tempo, razão pela qual devemos avaliar-nos constantemente. Muitos argumentarão que tais lembranças são desnecessárias, mas aquele que souber aproveitar o que se fala e escreve sobre o assunto, certamente encontrará forças e encorajamento para continuar trabalhando o seu interior. Que ninguém alegue que não seja portador de deficiências íntimas, graves ou leves, para justificar o seu imobilismo.

Emmanuel, no livro *Caminho, Verdade e Vida*, citando o apóstolo Tiago, lembra que ele entendia perfeitamente a gravidade do assunto e aconselhava os discípulos a limparem as mãos, isto é , que retificassem as atividades do plano exterior, renovassem suas ações ao olhar de todos, apelando para que se efetuasse, igualmente, a purificação do sentimento, no recinto sagrado da consciência, apenas conhecido pelo aprendiz, na soledade indevassável de seus pensamentos.

Portanto, o assunto não é novo e deve ser tratado com a seriedade que merece. Ainda nos lembra aquele orientador: "Mas o trabalho de purificar não é tão simples quanto parece". Diante de tais considerações, só nos resta tomar a firme decisão com o propósito de manter sempre acesa a chama que indique que ainda somos aprendizes em busca de conquistas interiores, sabedores de que somente palavras não nos colocarão na posição de reformados.

37
Mediunidade e Reforma Íntima

O Trevo nº 262 – abril de 1996

Esse foi o tema da Reunião de Trabalhadores e Alunos do Centro Espírita Caminhos de Libertação no dia 25 de fevereiro passado, em São Paulo. A médium Martha Gallego Thomaz, 80 anos, 57 de trabalho mediúnico constante, dirigente do Grupo Noel e trabalhadora do CEAE Genebra e da Federação Espírita do Estado de São Paulo, foi a convidada para falar sobre o assunto.

Dona Martha iniciou seu bate-papo relembrando que a Reforma Íntima é fundamental para usar com dignidade os dons mediúnicos neste "final dos tempos", uma época de transição do mundo para um novo estágio. "O médium precisa vestir a própria alma de amor, paz, tranquilidade. A fraternidade precisa deixar de ser utopia, mas ser vivenciada."

Aluna da 3ª Turma da Escola de Aprendizes do Evangelho da Feesp, dirigida por Edgard Armond, dona Martha recordou uma afirmação do Comandante: "O médium não pode desenvolver sua mediunidade sem Reforma Íntima". A faculdade tem de desabrochar sem forçamentos, de forma consciente, para ser mais completa.

(...)

Merece atenção, no processo da Reforma Íntima, o uso da palavra também no campo íntimo, não só no trabalho doutrinário. "Pela palavra se pode edificar um mundo novo", disse dona Martha.

A bisavó de 10 bisnetos, avó de 14 netos e mãe de 5 filhos destacou a necessidade de valorização da família. No Plano Espiritual, os valores familiares permanecem. Exemplo disso é a passagem do livro *Entre a Terra e o Céu*, de André Luiz, psicografado por Chico Xavier, em que o Espírito Mariana diz ajudar a neta Blandina, também desencarnada, em atividades com crianças, para ficar perto de sua parenta. "Reforma Íntima não é só ser bonzinho no Centro Espírita. Reforma Íntima é dar exemplo na família, incentivando a prática do Bem e o culto da Verdade", afirmou dona Martha. O aprendiz que tiver o comportamento modificado é um veículo de influência no campo familiar.

Na Reforma Íntima insere-se também, entre outros aspectos, o zelo pelo corpo físico. Bom exemplo disso deu Cairbar Schutel. Fundador do Centro Espírita Amantes da Pobreza, no interior paulista, Cairbar vez ou outra era questionado sobre sua aparência, sempre impecável. Ele respondia que tinha de oferecer, em respeito a todos, a melhor apresentação possível.

38
Exortação Final

O Trevo nº 270 – dezembro de 1996
Razin

Diletos companheiros, a nossa saudação. Momento solene, momento de graças, em que colhemos a felicidade e o júbilo. Mas, a par da alegria e da emoção, exige-se de cada um a conscientização deste instante, por um entendimento profundo do que se passa agora.

Estivestes todos por algum tempo a vos preparar para este dia e o dia é chegado, o do encontro com o Mestre Jesus, para o testemunho que só pode ser dado com o coração, no propósito firme e inalterável de testemunhar como discípulo.

Se para isto estiverdes preparados, então diremos: ousai e penetrai agora o recinto sagrado, para o encontro com o Divino Amigo, fazendo parte daqueles que, ansiosos, buscam agora o seu quinhão de trabalho e a sua parcela de testemunhação.

O vosso desejo de servir será atendido com as servidões que vos serão apresentadas nos momentos justos. Portanto, repetimos: o momento é precioso, de uma profundidade enorme e de repercussões por toda a eternidade.

Em todos os tempos e em todas as vezes que grupos humanos atravessaram a senda da evolução espiritual, sempre houve os que caíram e sempre houve os que permaneceram de pé. E o Mestre se compadece e serenamente continua a se sacrificar pelos que caem; e, para isso, conta com os que permanecem eretos, para ajudá-lo nessa tarefa grandiosa.

Assim como o sol toca diariamente os vossos horizontes, iluminando-os, assim também o Mestre Divino se debruça sobre a Terra que é sua, envolvendo-a em seus braços poderosos de amor, e absorve o seu coração grandes parcelas das iniquidades, das falhas terrenas, das agressões e das maldades, para que possam continuar de pé os que estão de pé.

E ante este espetáculo grandioso de misericórdia e de amor puro e divino, qual de vós poderíeis permanecer insensível? Que discípulo realmente merecedor deste nome, pode permanecer intocado?

Portanto, novos discípulos, de pé! Adentrai agora a estrada que se vos abre à frente, de trabalhos e de responsabilidades.

Discípulos antigos, renovai-vos! Conscientizai-vos! Que haja modificações em vosso interior mais profundo! Saí do marasmo, se marasmo houver em vós! Saí da ociosidade se nela estiverdes fazendo ponto de parada! Trocai as vossas vestes. Que sejam agora mais limpas, de melhor tecido, forte, resistente às intempéries que se aproximam; uma veste adequada ao trabalho que vos chega agora às mãos.

Não recueis jamais; não percais a oportunidade de servir ao Divino Amigo, Senhor desta Terra, à qual também pertencemos por divina misericórdia evoluindo.

E voltemo-nos agora para o Mestre dizendo: conscientes estaremos, Senhor Jesus, deste instante. E ousando também eu, respondo pelos que aqui estão se preparando para receber o título de discípulos teus e para testemunharem.

E ousarei também, Senhor, dizer, que nenhum deles desistirá, nenhum vos será desleal, infiel; nenhum interromperá a caminhada, a não ser para passar para o nosso plano.

E que a paz do Divino Senhor que agora se faz se impregne aos nossos corações para que possamos seguir em uníssono louvando-o, e não apenas com os corações ou com os lábios, mas com todo o nosso ser, com o trabalho e todo o nosso devotamento.

39
Aos Aprendizes do Evangelho

O Trevo nº 282 – dezembro de 1997
Emmanuel; Médium: Francisco Cândido Xavier

Aprendizes do Evangelho, não vos esqueçais de que nos achamos na Terra, ante o esplendor da nova era, carregando a sombra de velhas necessidades.

Muitos dizem: "os tempos são chegados", referindo-se aos avanços científicos que nos assinalam a vantagem da inteligência, entretanto, "os tempos são chegados" igualmente para a nossa renovação profunda, frente à vida.

Sois os vexilários da verdade, chamados a desfraldar-lhe a bandeira de luz. Nesse mister, não sereis reconhecidos tão somente por vossas palavras, mas, acima de tudo, por vossa própria orientação.

Com vossa presença, ministrareis teoria e exemplo, ensino e rumo.

Para isso, é imperioso considerardes a transitoriedade de todos os valores externos que vos cercam no mundo para serdes fiéis ao apostolado que abraçastes no reino do espírito.

Onde estiverdes, servireis ao Senhor na pessoa dos semelhantes, transmitindo a fé sobre o discernimento, a coragem nos alicerces do equilíbrio, o otimismo no veículo da prudência e a fraternidade em bases de ação que a realize.

Recordai, sobretudo que o Senhor vos concita as fileiras da redenção para ver com os vossos olhos, escutar com os vossos ouvidos, falar com o vosso verbo e agir com as vossas mãos.

Indiscutivelmente, sofrereis na estrada críticas e ataques, injúrias e insinuações!...

Muita vez, dormireis acalentando sonhos de triunfo para acordar no clima da derrota, atravessareis largas avenidas do ideal, rodeados por legiões de seguidores, interessados em vantagens imediatas, penetrando, logo após, nas veredas do testemunho em plena solidão!... Ainda assim, avançais destemerosos com o facho de amor que vos brilha no entendimento e no coração, conscientes de que no vosso exaustivo labor de hoje se edifica o mundo melhor de amanhã!...

Dignificai o estudo, submetei-vos ao trabalho, aprendei a obedecer para saberdes dirigir, carregai valorosamente o fardo de vossas responsabilidades preciosas e marchai adiante, auxiliando e esclarecendo, abençoando e construindo!...

E quando tempestades de incompreensão vos façam estremecer no caminho, colocando em risco a vossa esperança ou ameaçando-vos com a morte, volvei ao próprio refúgio íntimo e aí encontrareis, por sustentáculo indestrutível, a palavra do Senhor a repetir-vos, confiante: "Nada temais! Eu estou aqui!..."

(Página recebida em reunião da Comunhão Espírita Cristã, em Uberaba, MG, e dedicada à 11ª Turma da Escola de Aprendizes do Evangelho da Federação Espírita do Estado de São Paulo)

40
Reflexões sobre os Preconceitos

O Trevo nº 284 – fevereiro de 1998
Gitânio Fortes

Preconceito se explica pelo próprio termo. É um pré-conceito, um conceito prévio. É como se dispuséssemos de uma série de rótulos pelos quais enquadramos as relações familiares, opinamos sobre pessoas de determinadas nacionalidades, observamos adeptos de uma religião e consideramos informações que a ciência traz.

Por que o preconceito existe no ser humano? No básico mais básico, é uma forma defensiva, ligada ao instinto de conservação. É preciso botar a mão em labaredas, para saber que o fogo queima? É necessário mergulhar num despenhadeiro ou num mar bravio para conhecer o risco ao nosso corpo? A questão é que, no mesmo propósito de defesa, os seres humanos vimos transferindo às nossas vivências conceitos pré-fabricados.

É preciso refletir com discernimento sobre o preconceito. Saber também que ter determinado preconceito não significa necessariamente um mal. Voltando ao exemplo do fogo: é preciso queimar a mão alguma vez, ou podemos passar pela vida sem essa experiência? O problema do preconceito é que ele nos atrapalha a ascensão espiritual na medida em que nos limita. Isso se dá tanto nos "negativos" (os de raça, por exemplo, que nos impedem de reconhecer o valor de pessoas só porque elas pertencem a uma certa etnia) quanto nos chamados "positivos": "Na minha religião só há gente boa, bem-intencionada (será verdade?)".

O Espírito Emmanuel, no livro que leva o seu nome, psicografado por Chico Xavier, qualifica o preconceito como obstáculo à vivência do Cristianismo, por provocar a dormência das potencialidades. O formalismo encobre a manifestação dos sentimentos. Emmanuel nos exorta para que não caiamos nesse equívoco.

O exemplo de Jesus é eloquente.

O Mestre conhecia o preceito sábio de lavar as mãos antes das refeições, mas, impossibilitado de fazê-lo, não se furtava a comer.

Trabalhar no sábado, não era recomendado? Melhor era colher o trigo se não se dispusesse de outro alimento.

Como exemplo de caridade, sua parábola imortalizou um samaritano, a quem os judeus não devotavam muita consideração à época.

Não afastou de seu convívio Madalena. Percebeu nela toda uma potencialidade para o bem e a despertou para um mundo novo.

Para discípulos, não exigiu cultura formal. Optou por valorizar o sentimento. O caminho para derrubar preconceitos.

41
Vida Plena

O Trevo nº 287 – maio de 1998

Eduardo Miyashiro

Desde que a prática dos exercícios de Vida Plena foi introduzida no programa da Aliança Espírita Evangélica, milhares de alunos e trabalhadores têm se beneficiado deste importante exercício de autoconhecimento. A experiência tem demonstrado que o bom êxito das reuniões depende do cumprimento das regras de funcionamento, as quais, por sua vez, derivam diretamente dos princípios de respeito e aceitação entre pessoas.

Eis um breve resumo de tais regras:

- os participantes devem sempre ouvir com atenção, buscando alcançar um alto grau de empatia com aquele que estiver falando;
- intervenções e comentários somente podem ser feitos se servirem para solicitar maior esclarecimento e prestar maior apoio;
- é proibido criticar, julgar, opinar e aconselhar;
- quem começar a "filosofar" deve ser interrompido, pois "lições de moral", mesmo que veladas, indiretas ou inconscientes, constituem-se em ameaça ao estado de abertura e confiança dos participantes em relação ao grupo;

todos devem observar sigilo absoluto: os depoimentos devem ser totalmente esquecidos após a reunião.

Na prática do exercício de Vida Plena, costuma-se observar um ou dois minutos de silêncio, no início, para possibilitar momentos de reflexão aos participantes. Isto tem como objetivo permitir que todos meditem sobre sua posição pessoal, do ponto de vista prático (de vivência), a respeito do tema sugerido.

Quanto a este ponto, nossa experiência na realização destes exercícios tem indicado uma reação característica dos grupos: quando adotamos temas que comportam abordagens muito amplas ou genéricas (como, por exemplo, "vaidade", "egoísmo", ou "orgulho") torna-se um pouco mais difícil para o grupo atingir um melhor estado de abertura. Sem dúvida tais sentimentos denotam comportamentos defensivos (que é exatamente do que precisamos falar no exercício), mas são muito amplos e manifestam-se sob formas muito diferentes. Isto dificulta esta meditação inicial, em que cada um precisa colocar-se sob o ponto de vista de sua vivência, porque há uma imensa variedade de experiências que o assunto pode comportar.

Para delimitar melhor o foco dos exercícios, temos utilizado, nas reuniões de reciclagem do CEAE-Genebra realizadas este ano, uma lista de exemplos (vide quadro) contendo várias manifestações de comportamento defensivo, descritas de modo prático e claro. Isto tem possibilitado que o "aquecimento" inicial dos exercícios de Vida Plena seja muito mais rápido. A lista é numerada e alguém escolhe um número ao acaso. O coordenador lê a frase correspondente, convidando todos os presentes a meditarem sobre como se colocam pessoalmente a respeito daquele assunto, iniciando o exercício.

Sugerimos aos interessados no assunto que verifiquem se realmente tal abordagem mais específica tem condições de levar a um melhor aproveitamento dos exercícios de Vida Plena. Caso isto se confirme, poderíamos criar, em nossos grupos, mais listas como esta para serem utilizadas nas aulas e reciclagens que comportarem estes exercícios.

ASSUNTOS

— Costumo achar que tenho mais razão do que as pessoas que não pensam como eu?

— Como me sinto quando sou criticado? E quando elogiado?

— Com que sentimentos eu enfrento as situações adversas da vida?

— Como me sinto quando sofro uma agressão (ou quando alguém de minha família sofre uma agressão)?

— Com que disposição enfrento a mim mesmo quando reconheço que errei?

— A violência que há no mundo me deixa revoltado?

— Tenho tendência a ver os outros com malícia ou maldade?

— Abro mão de minhas convicções pessoais para não perder benefícios?

— Encontro facilmente justificativa para meus "pequenos" erros de conduta?

— Meus exemplos de conduta são bons para os que me cercam?

— Diante dos maus, eu me afasto, aproximo-me ou sou indiferente?

— Meu palavreado tende para o apoio ou para a crítica?

— Minto com frequência?

— Como sinto a amizade sincera?

— Fico aguardando o aplauso ou a aprovação dos outros?

— Como vai minha disposição para o trabalho?

— Com que disposição interior eu recorro à prece?

— É difícil para mim perdoar uma ofensa?

— Tenho tendência a exagerar meus sofrimentos?

— Como divido o tempo entre as necessidades materiais e as espirituais?

— O que sinto diante de alguém em sofrimento?

— Tenho confiança no futuro?

— Dou espaço para fofocas?

— O que faço quando sinto alguma tendência inferior querendo manifestar-se?

— Tenho tendência a dar lições de moral para os outros?

42
Ser humilde

O Trevo nº 290 – agosto de 1998
Saulo Panham

Aprendi recentemente com um expositor numa aula sobre um assunto que nunca havia me interessado muito, pois o considerava muito difícil de ser analisado e trabalhado. Aprendi com esse expositor o que é a Humildade, como reconhecê-la, que é o primeiro requisito para estudá-la. Fico impressionado como os temas mais obscuros para mim e aparentemente incompreensíveis se tornam simples e claros.

Humildade é reconhecer realmente o que se é.

Nem mais nem menos. Ser humilde, portanto, é também saber se conduzir dentro de uma linha pre estabelecida por nós mesmos, atendendo a uma auto análise apurada. A humildade não é somente para os grandes Espíritos. Todos nós podemos vivenciá-la na nossa condição atual, pois já conquistamos a razão e o livre-arbítrio. Com o que já temos, podemos caminhar para viver plenamente.

Exemplos do mesmo expositor: quando Jesus disse "Eu sou o Caminho, a Verdade e a Vida", o Mestre estava exercendo sua Humildade, pois reconhecia exatamente aquilo que era e é, não se escudando numa falsa modéstia. Se eu falar isso que Jesus falou, estarei extrapolando. Se eu falar que não estou me reformando intimamente, que ainda não tenho condições de ser útil ao dar uma aula, ao colaborar com uma assistência espiritual ou ao atuar numa frente de trabalho social, também não estarei sendo humilde, porque não estarei me reconhecendo naquilo que já sou.

Devemos, portanto, nos acostumar a viver em Humildade. Nem a mais nem a menos. Esse é um excelente passo para nos situar na valorização interior, nos tornando mais otimistas, mais úteis no trabalho ao próximo e, acima de tudo, apurando a nossa auto análise, como fundamento principal e alavanca da Reforma Íntima.

43
Reforma Íntima

O Trevo nº 290 – agosto de 1998
Maria Ignes Mendonça do Nascimento

Em contato com a verdade
Sentindo imensa luz
Seguimos o caminho com Jesus

Trabalhando nossa mudança
Estudando e refletindo
Degraus vamos subindo

A subida não é constante
A cada degrau, um patamar
O importante é não parar

A Reforma Íntima do discípulo
Não muda em nada
É a continuação da caminhada

O Evangelho já conhecemos
É o Sol a nos guiar
Só nos resta, então, testemunhar
No início estrada estéril
Agora ladeada por flores
Plantadas pelos mentores

Cada flor nos faz lembrar
Da mudança ocorrida
Deixando a estrada colorida

Flores simbólicas
Cada qual tem o que valorizar
Definindo o caminho do amor

44
Edgard Armond, Reforma Íntima e as Virtudes

O Trevo nº 293 – novembro de 1998
Gitânio Fortes

Existe uma frase de Edgard Armond, pioneiro no programa da Aliança, que em geral é lida pela metade. A frase integral está no *Guia do Aprendiz*, capítulo 5, quando o Comandante comenta a passagem para o grau de servidor. A seguir, a transcrição.

"(...) os defeitos que impossibilitem as tarefas do serviço no plano coletivo devem ser atacados com o máximo rigor, em constantes e assíduas tentativas de repressão, realizadas nas áreas correspondentes, isto é, *praticagem de virtudes opostas aos defeitos a combater.*"

O grifo é da Redação. A frase deixa claro que repressão de defeitos se faz com exercício das virtudes. O equívoco muitas vezes está sem se ficar na frase sem a explicação de Armond sobre "as áreas correspondentes". Leia frase de novo, mas sem o trecho a partir do "isto é": os defeitos devem ser atacados com o máximo rigor, em constantes tentativas de repressão. São termos que, isolados, carregam conotação desfavorável, numa época em que se preconiza a liberdade para o avanço humano. Como estamos vendo, transmitir esta idéia não foi o que pretendeu o autor.

Reforma Íntima não é processo destrutivo, em que se eliminam características de qualquer pessoa. É processo construtivo, de transformação, em que fatores limitantes são substituídos por possibilidades mais amplas de atuação do Espírito.

O termo "praticagem" utilizado pelo Comandante também é esclarecedor. A virtude também se adquire pelo exercício. Tomemos uma situação, até prosaica, do cotidiano. Sabe-se que a impaciência em filas, por exemplo, representa um certo grau de orgulho. Não pela fila em si, que muitas vezes é resultado de um mau atendimento mesmo, mas pela nossa própria reação, que não admite que nada saia fora do que desejamos ou esperamos. Para ser mais tolerante na fila, é preciso "treinar" a paciência, insistir, principalmente quando houver "recaídas", pois é possível que a impaciência prepondere dependendo do caso. Mas se nos mantivermos atentos e não esmorecermos, a tolerância com relação a essa situação virá um dia. Mais importante não é o Dia D desta vitória, mas o que ela representa para o nosso Espírito: superado um obstáculo, temos em nós a demonstração de que é possível vencer outros defeitos, outras situações que nos impediam novas experiências no bem. Assim está um exemplo de como a Reforma Íntima é um processo que acrescenta ao Espírito, nada "tirando" dele. Não se tem perda de nada. Ao contrário: se ganha uma nova forma de sentir, pensar e agir que, por sua vez, leva a novos avanços, pelas potencialidades que identificamos em nós mesmos.

45
Vícios, Defeitos e Virtudes

O Trevo nº 293 – novembro de 1998
Allan kardec Gonzalez

1. Tendência à realização — O impulso ou tendência básica dos seres vivos é na direção da sua realização.

Entre os seres que antecedem o homem na escala evolutiva, realização implica basicamente sobrevivência, crescimento e reprodução, individual e da espécie.

O diferencial alcançado pelo ser humano consiste na realização social, para a qual o outro tem tanto valor quanto o próprio indivíduo.

Vegetais e animais realizam-se desenvolvendo comportamentos adequados às oportunidades de vida tal como ela se apresenta para eles.

2. Vida Plena coletiva — Após o desenvolvimento da capacidade de pensar logicamente, uma variada gama de novas oportunidades se descortinou na vida dos seres humanos.

Os pequenos núcleos familiares e afins reuniram-se em grandes grupos sociais, cujo traço característico é a acentuada interdependência entre seus membros.

Sob essa nova ótica humana, posturas, atitudes e comportamentos anteriormente adequados foram introduzidos num processo de revisão que se encontra ainda nas suas etapas iniciais.

Trata-se do que poderíamos denominar de busca da Vida Plena de todo o conjunto dos seres humanos.

Egoísmo, orgulho e vaidade, por exemplo, foram denominações dadas a certas experiências que se mostraram úteis e valiosas à realização das espécies vegetais e animais, e mantidas posteriormente, de forma inadequada, automática e estereotipada pelos seres humanos.

Essas experiências foram codificadas sob o título de vícios e defeitos do homem.

3. Vícios e Defeitos — Defeitos são, dessa forma, comportamentos decorrentes de posturas profundamente arraigadas na nossa natureza primitiva.

E vícios são comportamentos adquiridos por aprendizado ou imitação.

Ambos são prejudiciais ao próprio indivíduo e aos demais em razão de serem defensivos, isto é, já não são adequados e necessários, no entanto continuam presentes.

São conhecidos os motivos da sua repetição mecânica: medo do novo, medo da possível perda do que já foi conquistado e, em última análise, falta de confiança na vida e em si mesmo.

4. Virtudes — A tendência à realização no entanto se impõe e a postura de confiança mútua torna-se uma exigência.

A partir dela novos comportamentos passaram a ser timidamente experimentados, dentre eles o altruísmo, a humildade e a solidariedade.

Esses comportamentos decorrentes da postura de abertura são denominados virtudes.

Tanto os vícios e defeitos quanto as virtudes são preconceitos sempre que tiverem sido assimilados de forma idealizada.

Tornam-se conceitos úteis quando experimentados, testados e incorporados de forma consciente aos valores individuais e coletivos.

Essa atitude de experimentação de novos comportamentos e revisão de outros é inevitável por ser parte do processo de aprendizado das leis naturais, dos princípios de convivência e do exercício das capacidades individuais.

O ser humano do futuro começa a se delinear no presente.

46
Sobre a Prece das Fraternidades

O Trevo nº 295 – janeiro de 1999
Eduardo Miyashiro

Permanece muito viva em nossa lembrança uma breve explicação do companheiro Valentim Lorenzetti com respeito às famosas "forças do mal que tentam dominar o mundo".

Em seu estilo sintético de ensinar, disse-nos: "Não adianta procurar essas forças do mal por aí, elas estão dentro de nós, e devemos lutar para que elas não dominem o nosso mundo interior".

Por esse motivo, uma vez apresentada essa interpretação aos aprendizes, percebemos que a Prece nos incentiva a acirrar nossos esforços no campo da Reforma Íntima. A prevalência do Bem no mundo será a sua natural consequência.

(Aos novos aprendizes, que não tiveram oportunidade de conhecer o Valentim, aproveitamos a chance para descrevê-lo: jornalista e escritor, um dos fundadores e primeiros dirigentes da Aliança, articulista da coluna Espiritismo, da Folha da Tarde, renomado profissional na área de Comunicação e Relações Públicas, dirigente do CVV – Centro de Valorização da Vida. Lembrando esse companheiro, humilde e dedicado, não pretendemos gastar papel para vazar elogios numerosos, que ele tanto combatia para não incentivar a vaidade. Convidamos que o conheçam mais de perto através de suas crônicas, reunidas no livro *Caminhos de Libertação*, da Editora Aliança)

47
O Servidor e o Ideal de Aliança

O Trevo nº 299 – maio de 1999

Gitânio Fortes

A 13ª Turma de Escola de Aprendizes do Evangelho do CEAE Londrina (PR) passou para o grau de servidor em encontro promovido em 9 de abril passado. Após a preparação realizada pelo companheiro José Carlos e cantado o Hino da Aliança, Cleusa, a dirigente da turma, abriu a reunião. Convidou a companheira Mira para um testemunho, em que se ressaltou a importância de o servidor não se deixar atrapalhar por eventuais obstáculos. "Se cada um sentir a presença de Jesus, o tropeço não passa de oportunidade de reflexão", sintetizou Mira.

Outro momento para a música. Agora, o Hino do Servidor, de Cenyra Pinto. Em seguida foi abordado o tema "O Ideal de Aliança e o Papel do Servidor". Os novos servidores, os trabalhadores mais veteranos da Casa e seus convidados foram incentivados a refletir sobre a importância da vida. Não há existência banal. Não há pessoa comum. Cada um de nós, mesmo que não tenhamos notoriedade social, somos, no mínimo, protagonistas de nossa vida. Nesse sentido, é como se todos fôssemos atores principais, se o mundo pudesse ser comparado a um palco ou tela de filme.

Com a decisão de seguir adiante num processo de iniciação espiritual, como o que a Escola de Aprendizes proporciona, somos menos comuns ainda. O Hino do Servidor conclama ao trabalho. "Trabalhar, trabalhar, trabalhar", diz uma das estrofes. A atividade voluntária junto ao próximo é um poderoso veículo de superação de limites. Os chamados trabalhos sociais, a doação de energias na Assistência Espiritual, a transmissão de conhecimentos e experiências nas aulas e nas preleções, o labor mediúnico, tudo contribui para o enriquecimento do Espírito. No campo do saber, se desconhecemos, vamos aprender para atuar.

Mas o que se ressaltou é como todo esse campo de atividades que se descortinam deve ser aproveitado para o trabalho interior, de identificação de sentimentos, e transformação, para potencializar o que já temos de bom e modificar aquilo que deve ser mudado. O serviço ao próximo deve alavancar o trabalho consigo mesmo.

Nesse momento também foram tecidos comentários sobre pontos que muitas vezes impedem a atuação plena do servidor. Primeiro, nem sempre se reage de forma construtiva à crítica ou ao elogio. Em ambos os casos, vale verificar como vai a Reforma Íntima, o tal trabalho interior, tão enfatizado. Um segundo ponto, um tanto mais complexo, são as comparações. Vemos trabalhadores experientes, a dominar a palavra com perícia e persuasão. Observamos aplicadores de passes harmonizados e conscientes. Admiramos médiuns seguros e fiéis às instruções da Espiritualidade Maior. Bate aquela sensação de incapacidade de repetir toda essa competência e o servidor se omite. Engano. Cada um tem trajetória própria de crescimento. Nenhum virtuose se forma em apenas um concerto. Sem adestrar a nossa capacidade, o "talento" nunca se exibirá plenamente. Tomemos os exemplos, mas não nos fixemos em comparações.

A disciplina, trilha que leva à estrada do discipulado, como a própria raiz dessas palavras deixa entrever, é roteiro seguro para o servidor praticar o trabalho pleno, conciliando o serviço ao próximo tendo como prioridade o interior, atitude fundamental para que um dia atravessemos a porta estreita da citação evangélica. Como diz o companheiro Jacques Conchon, "realizando bem o 'pouco' é que chegamos à oportunidade do 'muito' com chance de êxito efetivo". Se não se limitar o serviço ao próximo em si, mas enxergando nele um campo para tornar o trabalho interior ainda mais propício aos bons frutos, o servidor terá êxito. Ainda mais neste momento, mais experiente para usar melhor as ferramentas de autoconhecimento que a Escola de Aprendizes proporciona, com a Caderneta Pessoal, o Caderno de Temas e também, em breve, com os exercícios de Vida Plena.

Ao término da palestra, o médium Edvaldo trouxe mensagem de amigo espiritual que se identificou como "um médico que atuou no Rio de Janeiro no século passado". Ressaltou a importância do "ideal de socorro aos irmãos", as ondas mentais que se formaram durante o encontro. Esclareceu: "O sofrimento aclarava o que eu trazia dentro de mim, o desejo inquietante de servir". Definiu como humilde "aquele Espírito que conhece o seu potencial". Por isso desejou que "Deus alimente o ideal de servir e tomar conhecimento de nós mesmos, de nossas forças".

Após a palavra da Espiritualidade, os presentes mais uma vez se voltaram para a música. Foi apresentada a canção "Mãos à Obra", da companheira Ana Lúcia de Oliveira Felde, que incita à fé, à esperança e à perseverança no caminho. Num ambiente muito fraterno, a companheira Maria Cipriano fez o encerramento da reunião, em vibrações para o Bem Universal.

48
Irmão Edgard Armond

O Trevo nº 305 – novembro de 1999
César

"Allan Kardec foi o primeiro a estabelecer pautas para o autoconhecimento. A Escola de Aprendizes do Evangelho de Edgard Armond é o trabalho mais importante desde Kardec até a data, nesse sentido." (Palavras do psicólogo Daniel Gómez Montanelli, na conferência "Sobre a Compaixão e a Consciência", em 21 de junho de 1999, Mar del Plata, Argentina)

Nos momentos em que a humanidade se pergunta que caminhos tomar frente a um fim de século compulsivo, violento e esquecido de valores e tradições cristãs, surge, para todos nós e aqueles homens incansáveis na busca do Homem Novo, um caminho, uma alternativa, uma ferramenta para trabalhar nosso interior. Único responsável do estado de coisas que descrevemos como inferiores, primitivas e contrárias às pautadas pelos ensinos do Mestre. O caminho materializado nas Escolas de Aprendizes do Evangelho é fruto da misericórdia e do amor que nosso Pai tem por nós. E sobre sua sistematização, e por que não dizer codificação, para fazê-la acessível a nossas mentes e corações, tem muito a ver o nosso Irmão Edgard Armond, conhecido como Comandante, pela sua profissão. De "*O Trevo*" de junho de 1999, extraímos alguns dados interessantes para conhecer, com relação à vida e obra deste homem que não esqueceu seus deveres como Espírito encarnado.

Nasceu em 14 de junho de 1894 em Guaratinguetá; desencarnou em São Paulo a 29 de novembro de 1982, fundador das Escolas de Aprendizes do Evangelho e da Aliança Espírita Evangélica. Em 1936, quando o Comandante chegou à Federação (São Paulo), havia apenas um trabalho de efeitos físicos, com dezenas de curiosos. Em 1967, quando se afastou, a Casa atendia 5.000 pessoas e tinha 5.000 alunos. Eloquente exemplo do que devem ser nossas Casas, lugares de educação e serviço, não simples clube de curiosos. Também se nos recorda que o Ideal do Comandante não é uma utopia. Cada Grupo é uma célula viva da Fraternidade. E a isso podemos agregar que cada um de nós é uma célula viva dentro do Grupo.

Para finalizar este comentário aproveitamos o pensamento de Anália Franco (Espírito) ao referir-se à vida e obra de Armond. "Vivemos agora uma oportunidade verdadeira de encontrarmo-nos com o Cristo neste final de século. O Evangelho que foi solidificado em catacumbas, hoje é difundido em Casas como esta, com salas confortáveis, em meio a amigos, sem medo de que entre pela porta um centurião, para prender a todos nós." É mais que eloquente tal afirmação. Se bem seja certo que existem dificuldades neste final de século, também é certo que já não há outras tantas e que o Mundo Espiritual Superior vem mostrando claras medidas para nosso proveito. A inspiração e fortalecimento dado a Edgard Armond na elaboração e organização do que posteriormente seria o Programa Aliança, exposto no livro *Vivência do Espiritismo Religioso*, é prova suficiente.

Obrigado por haver-se comportado como um verdadeiro Aprendiz, Servidor e Discípulos dos ensinos de Jesus.

"O Comandante, em seu empenho pela reforma interior, consta nos anais da história universal no Plano Espiritual como construtor de templos nos corações humanos." (Martha Gallego Thomaz)

49
O Período Probatório

O Trevo nº 308 – fevereiro de 2000
Luiz Pizarro

Concluído com êxito o terceiro ano da Escola de Aprendizes do Evangelho (EAE), o servidor deve fazer o estudo profundo de *O Livro dos Espíritos*. O período probatório compreende o intervalo entre o término do "Estudo Sistemático de *O Livro dos Espíritos*" e a solicitação de ingresso na Fraternidade dos Discípulos de Jesus (FDJ). É neste período que o servidor, fora do ambiente de "turma", testa (prova a si mesmo) se está em condições de continuar a batalha contra o homem velho, combatendo por decisão própria, sem engodos ou forçamentos, suas imperfeições, para deixar aflorar o homem novo proposto no Evangelho de Jesus.

É, também, neste período que o servidor pode avaliar se a sua busca de renovação de sentimentos, pensamentos e atitudes terá continuidade fora do ambiente protegido da Casa Espírita, e que ele possa levar adiante a bandeira cristã, contribuindo para o bem da humanidade. Para que estas avaliações sejam realizadas com acuidade, o período probatório mínimo deve ser de três meses, sem encontrar-se com a turma de EAE, em um ambiente protegido ou não. Muitos servidores necessitarão de um período maior para estas avaliações, para provar a si próprio que está em condições de dar testemunhos de sua iniciação espírita no mundo.

Ao término deste período, entre outras percepções, o servidor deve verificar se:

- se sente mais feliz do que antes de começar a EAE;
- tem conseguido controlar com mais facilidade os impulsos de animalidade por ventura existente;
- tem consciência de seus defeitos a combater e das virtudes que devem ser aprimoradas;

- se propõe a colocar em prática, no campo exterior, a transformação interior que começou a sentir no processo iniciático que foi a EAE;
- está mais apto a aceitar as pessoas que não têm os mesmos pontos de vista que os seus;
- sente que agora começa o grande período de trabalho e realizações e não que chegou ao fim o seu esforço de Reforma Íntima;
- sente permanente disposição para servir o próximo;
- no lar, consegue ser elemento de harmonização, além de considerar seus familiares como irmãos de jornada que o ajudam a praticar a compreensão; e
- compreende que o ingresso na FDJ não é uma cerimônia de formatura, mas sim um compromisso consigo próprio, perante a espiritualidade, de vivenciar o Evangelho de Jesus.

Após estas verificações, registrar na Caderneta Pessoal seu desejo de ingressar (ou não) na FDJ, lembrando que "para o Discípulo de Jesus, a seara de trabalho é o mundo". Caso a avaliação da Caderneta Pessoal ou Exame Espiritual aconselhe a extensão do período probatório, aceitar com humildade esta recomendação, e, se julgar conveniente, refazer o terceiro ano da EAE e o estudo de *O Livro dos Espíritos*. Não há urgência para o ingresso, o relevante ao Senhor é o nosso desejo e esforço em nos reformarmos, afinal:

— Para as conquistas de ordem espiritual é bom que não haja nem entusiasmos nem desânimos; e

— Nos caminhos de espiritualização o progresso se mede em milímetros.

50
Pensando em Aliança

O Trevo nº 307 e nº 308 – janeiro e fevereiro de 2000)
Carlos José de Medeiros

Participamos da Reunião Geral da Aliança nos dias 4 e 5 de dezembro passado, quando pudemos aprender e relembrar conceitos tão importantes para o nosso movimento. Não temos meios de expressar o turbilhão de pensamentos que nos assomaram à mente, em particular no final do evento, quando ouvimos emocionados um companheiro expor a mais profunda reflexão em torno do papel de nossa querida Aliança e dos ideais espíritas por ela esposados.

Saímos dali pensativos, e assim permanecemos no trânsito até nossa residência, e podemos afirmar com certeza que os sentimentos experimentados naquele momento serviram para realçar ainda mais a certeza que temos da importância da Aliança em nossas vidas, sua proposta de trabalho, seus ideais, sua postura.

Decidimos então externar nossas reflexões através deste despretensioso texto, como forma de gratidão por tudo o que esse abençoado movimento pessoalmente nos proporcionou.

O PAPEL DA ESCOLA DE APRENDIZES DO EVANGELHO

Não temos a pretensão de expor aqui quais os objetivos da Escola de Aprendizes do Evangelho, por três motivos que consideramos principais:

- primeiro, porque a cada dia que passa mais nos surpreendemos com a força renovadora dessa Escola bendita, pelos frutos que produziu e produz na esfera dos sentimentos daqueles que dela participam, o que de certa forma dificulta qualquer tentativa de "padronização" de conceitos;
- segundo, porque essa mesma força de renovação vem arrebatando para os Centros Espíritas pessoas dos mais diversos níveis sociais e etários, seja pelo amor — para aqueles que buscam a Escola com sede de conhecimento e de renovação interior, seja pela dor — para aqueles portadores dos mais diversos conflitos interiores e que encontram na Escola o fortalecimento para suas lutas;

• terceiro, porque nos julgamos demasiado imperfeitos para aprofundar as análises em torno de todas as formas e meios pelos quais essas transformações ou mudanças venham a ocorrer no íntimo das pessoas.

Todavia, mesmo não nos considerando aptos para esse cometimento, preferimos arriscar a exposição de nossas reflexões e, se estivermos errados, ao menos erramos pela ação e não pela omissão de tais conceitos.

A Escola de Aprendizes representa um marco na história da Doutrina Espírita, segundo pensamos. A Escola não nasceu para brilhar apenas dentro das respeitáveis Casas Espíritas que lhe sustentam o programa de aulas. Mais do que isso, a Escola tem uma função de transformação social, e por essa razão, deve ser expandida, divulgada, para que a força do Evangelho toque e renove corações e mentes. Somente pela renovação interior é que se fará a mudança no panorama social do mundo, material e espiritual.

Devemos buscar o estímulo à prática cristã do trabalho; sair do aconchego das Casas Espíritas e ir ao encontro do mundo. Essa deve ser — segundo entendemos — a meta das Escolas para o novo Milênio que se aproxima. Cientes da renovação que a Escola de Aprendizes promoveu em nós, não haverá vacilações, e definitivamente sairemos da zona de conforto que até então estávamos acostumados a permanecer.

É comum proferirmos frases do tipo: "Fulano se converteu para a religião tal..." ou "Sicrano foi convertido por Fulano...", como tentativa de esclarecer que a realização interior do ser humano consiste na mudança de participação de um rito religioso para outro. Ou, ainda, perdemos tempo e energia na infantil busca dessa mesma realização interior através de *práticas mágicas*, ou pelo fanatismo religioso, na sustentação de antigos mitos como o da *salvação pela fé*, quando na verdade a realização está inserida no bem que fizermos.

Basta de crendices! ***Só existe conversão se houver transformação***, conforme esclarece o pensador espírita Vinícius. E toda transformação sincera se dá no íntimo das pessoas, não no seu exterior. Onde a transformação interior não ocorreu, consequentemente não houve conversão, mesmo que aquele que se crê convertido participe assiduamente desse ou daquele movimento religioso.

No livro *Verdades e Conceitos II*, 1ª edição, no capítulo 44 — Verdades sobre a Escola de Aprendizes do Evangelho, o Comandante Edgard Armond expõe: "Escola de Aprendizes do Evangelho sem a obrigatoriedade da Reforma Íntima é um contra-senso, quando não for um subterfúgio usado para fugir a essa verdade; uma adaptação cômoda, porém inútil; ou uma tolerância contraproducente, porque não atinge o alvo essencial do esforço, que é a evangelização".

Nada mais esclarecedor! A Reforma Íntima é de fato um processo de melhoria contínua, e nos permitimos usar essa figura de linguagem citada por um companheiro de ideal. Toda vez que fugimos desse processo, fugimos da melhoria, perdemos tempo, enfim, atrasamos aquilo que poderia ser feito anteriormente, estacionando no patamar da "tolerância contraproducente" citada por Edgard Armond.

E quem poderá medir e aquilatar o grau de transformação interior? Por acaso haveremos de patrulhar a transformação alheia? Evidentemente que não. Cada qual deve tomar as rédeas de seu processo de Reforma Íntima e, baseando-se no Evangelho e buscando apoiar-se em companheiros de ideal, partir em busca de seu ponto de equilíbrio. Somente pela transformação interior, através da Reforma Íntima, seremos capazes de converter o mundo em seus diversos setores:

- Conversão das relações humanas, tornando-as realmente humanas;
- Conversão da Legislação, pelo estabelecimento de leis concordes com os anseios e necessidades da sociedade;
- Conversão das relações trabalhistas e sindicais, conduzindo negociações em bases verdadeiramente justas, para ambas as partes;
- Conversão da indústria e do comércio, transformando as empresas em escolas;
- Conversão do sistema penitenciário, com o aproveitamento da mão-de-obra e com a implantação de programas de aperfeiçoamento profissional, pessoal e moral;

• Conversão dos sistemas de Saúde e Educação, pelo estudo e prática das leis de higiene do corpo e do Espírito;

• Conversão da Segurança Pública, na busca de seus objetivos principais, como a proteção da integridade física e moral dos indivíduos, das famílias, das organizações;

• Conversão dos meios de comunicação, através dos quais será possível divulgar cada vez mais o bem, o trabalho voluntário, as notícias criteriosas, as informações que promovem o crescimento do ser humano.

Podemos estar sendo teóricos em demasia na análise dessa questão, mas no exato momento em que escrevemos estas reflexões "surge" uma frase em nossa mente: "A Aliança é um ensaio cristão para o bem-estar da humanidade".

Cremos que essa é uma realidade, pois se o campo de trabalho do discípulo é o mundo, ele deve se preparar para esse trabalho e a Aliança permite-nos ensaiar a prática do bem pelas oportunidades que proporciona.

Entendemos que a Escola de Aprendizes do Evangelho é o instrumento de conversão de que falamos anteriormente! E como todo o trabalho na seara do Cristo, requer colaboradores dedicados e engajados na causa que abraçaram. Estaríamos prontos para esse desafio? Sejamos sinceros: é fundamental que aprofundemos a análise de nosso comportamento sem medos ou fugas, para que não nos assemelhemos à criança que brinca de "esconde-esconde" com o seu amiguinho invisível.

Convém refletir se a nossa *conversão* implicou de fato a nossa *transformação*. É preciso avaliar racionalmente a qualidade de nossa colaboração com a difusão da Escola e, por conseguinte, do movimento de Aliança. O Espírito Joanna de Ângelis ensina-nos que, ao discípulo sincero, a busca interior serve de estímulo ao processo de Reforma Íntima, pois, se defrontando com suas imperfeições, ele encontra forças e coragem para terçar as tentativas necessárias ao seu melhoramento.

O discípulo é alguém comprometido com o trabalho. Quando adentramos nesse caminho não há retorno, porque o amor do Cristo nos atrai ao seu núcleo, tal como o Sol mantém ao seu redor os planetas pela sua força de atração, não obstante a nossa rebeldia em determinados momentos.

A RESPONSABILIDADE DOS DIRIGENTES E ALUNOS DAS ESCOLAS

Como compatibilizar estes três elementos: os objetivos da Escola de Aprendizes, as responsabilidades de que foi investido o dirigente da turma em conduzi-la a esses objetivos e os direitos individuais dos alunos? Isto nos parece um desafio, e para enfrentá-lo fomos buscar auxílio em *O Livro dos Espíritos*. Na questão 875, tratando especificamente sobre a Lei de Justiça, Allan Kardec pergunta: "Como se pode definir a Justiça?", e a resposta da Espiritualidade é: "A Justiça consiste no respeito aos direitos de cada um".

A leitura dessa resposta nos faz concluir que, assim como os alunos, os dirigentes também têm direitos. Ambos — dirigentes e alunos — formam o universo das relações dentro da Escola de Aprendizes, acrescentando-se evidentemente a ação do Plano Espiritual. Se a justiça consiste no respeito aos direitos de cada um, os dirigentes de Escolas devem primar pela condução das responsabilidades que lhes foram atribuídas sem medos, sem vacilações, mas também sem imposições, *pois não há direito sem dever*, que é a sua contraposição e que mantém equilibrada a balança da Lei de Justiça.

A proposição dos instrumentos da Escola de Aprendizes deve ser feita de forma serena e franca, constante durante todo o curso da Escola, de maneira honesta e sem receios ou desculpismos. Para tanto é fundamental que o dirigente esteja consciente de sua eficiência e eficácia. Allan Kardec insere o seguinte comentário à questão 876 de *O Livro dos Espíritos*: "O critério da verdadeira Justiça é, com efeito, desejar para os outros o que se desejaria para si mesmo..." Isso equivale dizer que o dirigente deve refletir profundamente em torno dos objetivos da Escola e de seus instrumentos, fazendo uso dos mesmos, pois somente poderá discutir sua eficácia se for capaz de aplicar tais recursos em sua própria vida e avaliar os resultados.

A responsabilidade é uma via de mão dupla: há responsabilidade do dirigente de Escola e também há a responsabilidade do aluno. Não existe responsabilidade unilateral. Se ambos, dirigente e aluno, participam das aulas e comungam com os ideais da Escola, é porque aceitam-lhe os métodos, tal como esclarece *O Evangelho segundo o Espiritismo*, no capítulo 17, sobre o Dever: "O dever é a obrigação moral, diante de si mesmo primeiro, e dos outros em seguida".

Claro que o papel dos dirigentes é fundamental na proposição (e não na imposição) dos instrumentos adotados pela Escola de Aprendizes para a consecução de seus objetivos. Aos alunos cabe a responsabilidade de cumprir com essa proposição, mas não tenhamos a pretensão de converter ou mesmo convencê-los; necessário que nós, enquanto dirigentes, estejamos convencidos. Mais vale um aluno renovado do que cem indecisos, alertou a Espiritualidade certa vez. Façamos a nossa parte da melhor forma possível.

51
Caderneta Pessoal: Você Precisa Voltar a Escrevê-la

O Trevo nº 316 – outubro de 2000
Abadias José; Médium: Rosimeire

Meus amigos e companheiros do Cristo, é muito gratificante observar que estão procurando trabalhar, sempre em busca da doutrina do Pai. Os problemas pessoais não devem ser colocados em primeiro lugar. Precisamos sempre procurar ajudar de alguma forma. Não é para isso que estamos na Doutrina, dando parcela de contribuição?

Com todo o carinho por Jesus, à disposição do Mestre, veremos o amor brotar mais rápido neste planeta. Vocês ajudam nesses trabalhos fraternos, divulgando sempre os ensinamentos do Alto. Gostaria de dizer a todos os Grupos Espíritas, que todos os trabalhadores precisam voltar a escrever nas suas Cadernetas Pessoais para fazer a Reforma Íntima. Muitos deixaram de lado este instrumento e acreditam que já se encontram reformados, quando apenas percorreram alguns passos.

Companheiros, se deram alguns passos para frente, não retrocedam mais, pois, quando chegamos ao grau de discípulos, a responsabilidade é bem maior, e o trabalho se multiplica muito mais. Mas muitos pensam que a Reforma Íntima é feita somente de parcelas soltas e perdidas! É feita de mudanças de hábitos, atitudes e ações, pois há muito estão encarnados, vivendo no egoísmo e no orgulho, e só agora se apercebem disso. Como é que se consideram melhores que os outros, meus irmãos?

A Reforma tem de ser feita profundamente e não superficialmente, pois quando, no mundo espiritual, as nossas máscaras caem, nos mostramos como realmente somos. Reflitam sobre isso e procurem estudar mais sobre os ensinamentos do Cristo. Que Jesus os abençoe hoje e sempre. Do seu amigo de sempre.

(Mensagem transmitida em reunião sobre Mediunidade realizada em 30 de julho na Fraternidade Espírita Jerônimo Mendonça)

52
O Servidor, o Discípulo e o Trabalho

O Trevo nº 317 – novembro de 2000
Carlos José Parada

O processo de transformação que conscientiza o frequentador de uma Casa Espírita se denomina simplesmente Escola de Aprendizes do Evangelho.

Na essência desse processo de iniciação espírita, definimos a EAE como um programa, devidamente orientado pelo plano espiritual, que tem como objetivo o aprimoramento moral do homem pela Reforma Íntima, despertando-o para o autoconhecimento e o ideal divino. Como citado no livro *Vivência do Espiritismo Religioso*, é um processo de iniciação espiritual, baseado no Evangelho de Jesus, entendido como a forma mais pura de vivenciar a proposta religiosa do Espiritismo para o bem da humanidade.

Sabemos que o irmão que abraça esse ideal, passa de aprendiz para o grau de servidor recebendo aí o suporte da Casa que o acolhe, tendo, por parte dela, condições de trabalho e da busca da melhoria espiritual do próximo e, principalmente, dele mesmo. É obrigação da Casa lhe oferecer oportunidade e orientar quanto a dúvidas, para que ele possa testemunhar o Evangelho do Mestre.

TESTEMUNHO DO EVANGELHO

Ao final do segundo ano da EAE, o aluno deve estar consciente do seu comprometimento na abertura de novas frentes de trabalho ou na implantação de um novo Centro Espírita. É nesse ponto de sua participação que o aluno deve estar livre para optar pelas funções e locais em que se sinta melhor e, desta forma, aproveitar ao máximo os seus talentos.

Temos, infelizmente, muitos dirigentes com idéias cristalizadas no conceito de que o aluno que ingressou na EAE é "propriedade" da Casa e que deve obrigações a ela. Ora, a Escola não é curso de formação de trabalhadores, e, sim, ferramenta eficaz pela redenção do mundo e testemunhação do Evangelho. O comandante Edgard Armond, seguindo Kardec, enfatizou a importância de termos pequenos Centros Espíritas, pulverizando a palavra do Cristo, o que se consegue transparecendo o programa do Plano Maior para as EAE, em vez de um grande Núcleo, que monopolize as atividades de seus trabalhadores.

O colaborador não deve ser "trancafiado" entre as paredes do Centro. Ele deve ver, sentir, se sensibilizar com o que há lá fora, no mundo sofrido e carente. Lá fora o Mestre nos quer testemunhando seus ensinamentos.

Procuremos lutar pelos ideais da Aliança, alicerçando o amor pelo próximo nos ensinamentos e diretrizes que o Plano Maior nos deixou através do comandante. Abramos nossos corações ao trabalho edificante e tenhamos consciência de que o trabalhador da seara de Jesus deve testemunhar o Cristo. A Casa que o abrigou foi o instrumento utilizado pela espiritualidade para que ele se encaminhasse na Reforma Íntima. Que o trabalhador possa ser livre, para escolher essa ou aquela Casa, essa ou aquela frente de trabalho, sem melindres ou rancores. Afinal, somos todos trabalhadores da última hora, buscando servir o Mestre, não uma Casa ou dirigente. Unamo-nos. Paz em nossos corações.

53
A Responsabilidade do Dirigente da Escola de Aprendizes do Evangelho

O Trevo nº 324 – junho de 2001
Paulo Rogério Giusti Marinho

Sendo a finalidade precípua do Espiritismo, oferecer à humanidade a chave da "porta estreita", o caminho da felicidade futura, através do esforço presente e perseverante na sua transformação moral — o que se dá não pelo seu aspecto científico ou filosófico, mas pelo aspecto religioso, é de capital importância a compreensão das finalidades redentoras da Escola de Aprendizes do Evangelho.

O dirigente deve ter presente que Edgard Armond não tirou a EAE do bolso pura e simplesmente, enquanto homem de idéias.

Trata-se de um programa trazido pela Espiritualidade Superior, tendo sido ele o missionário encarnado através do qual esse plano sublime foi canalizado, em nome de Jesus. Tal não se deu de graça, por mera inspiração, mas por esforço contínuo no bem, estudo profundo e perseverante, investigações mediúnicas de ano a fio, com prudência, critério, a exemplo de Kardec, tendo a Espiritualidade se manifestado por diversas ocasiões e por diversos médiuns ratificando-lhe mais de uma vez a missão. E não lhe foi fácil trilhar esse caminho, havendo muitos companheiros que lhe dificultaram extremamente a tarefa.

Dotado de grande intuição, Armond com certeza burilou-se moralmente a cada dia de sua vida, pois, se não tivesse a autoridade moral que a tarefa exigia, não teria a Espiritualidade lhe manifestado franco apoio, inclusive publicamente. E isso deve ser passado para os alunos, para que se conscientizem de que o que devem fazer não é fruto de uma imposição qualquer, mas entendam ser esse o remédio através do qual a Espiritualidade propicia a redenção de cada qual, que passará a colaborar na redenção da Humanidade, como discípulo de Jesus.

Mas por que estamos a falar de Armond? Simplesmente porque Armond é o exemplo mais candente de dirigente de uma Escola de Aprendizes do Evangelho. A seu exemplo, o dirigente deve, em primeiro lugar, viver o bom combate cotidiano contra seus vícios e defeitos, vale dizer, deve encarnar a reforma íntima enquanto programa de vida. O dirigente não pode exigir dos alunos nada do que não cumpra pormenorizadamente, tendo sempre em vista o caráter iniciático da EAE, que visa acima de tudo a Reforma Íntima do ser.

Deve valer-se da Caderneta Pessoal, da oração, da auto-análise, da revisão preceituada por Agostinho, de aprimoramento de seus exercícios de Vida Plena nos trabalhos espirituais de que participe, da Caridade praticada sempre que possível, da aceitação e da resignação ante os sofrimentos da vida, mesmo os grandiloquentes, sem desespero, vivenciando Humildade e Amor. Sendo exemplo na batalha pela sua Reforma Íntima, o entusiasmo em passá-la para os outros será muito natural, contagiando os corações e acordando as mentes. Desnecessário dizer que terá a assistência espiritual necessária para o mister. E a exemplo de Armond, o dirigente deve também encarnar a disciplina, enquanto processo de educação iniciático de vivência espiritual individual e grupal, evidenciado por Jesus nas palavras "orai e vigiai".

Não se concebe a vigilância sob a ótica espiritual sem a oração e, a oração sem vigilância vem a esmorecer ante os ataques das trevas; amálgama sagrado preceituado por Jesus, orar e vigiar exprime a essência espiritual do que é disciplina, termos três vezes ratificado por Emmanuel como condição "sine qua non" para o êxito na tarefa de Francisco Cândido Xavier.

Daí porque "o dirigente faz a turma". Retira ele dos pontos e temas das aulas e dos depoimentos dos alunos elementos valiosos de edificação moral (vide *Guia do Aprendiz*, de Armond, cap. 12, no item *Os dirigentes*). Estimula o progresso, o testemunho, a alegria, o trabalho no íntimo dos alunos. É, de certa forma, um pai, sem ser paternalista. Visando a educação íntima, é firme, não transige com as normas e valores alicerçados pela Espiritualidade na estruturação da Escola. Aplica o programa tal como idealizado, visando nos fóruns adequados, fora da Escola, os aperfeiçoamentos que se fizerem necessários, mantendo-se sempre seus fundamentos. Explica previamente, lembrando sempre o processo de iniciação espiritual, o objetivo primeiro e último da evangelização e transformação moral, motivando sempre, mas alertando que, se o que se procura não é a Reforma Íntima, melhor será procurar outra ocupação.

São características de um bom dirigente, segundo o próprio Armond: assiduidade; perseverança; capacidade de comunicação e sintonia com os aprendizes; boa integração nos conhecimentos doutrinários e sobretudo nas finalidades essenciais da Escola, respeitando-lhe a conceituação doutrinária dos seus programas, com prevalência da finalidade evangélica; vida em família, no trabalho profissional e social inatacável (autoridade moral); objetividade; facilidade de expressão; sensibilidade didática para manter o interesse e a progressão do esforço da reforma interior da turma que dirige, fugindo da mecanização e da intelectualização do ensino (vide o texto *Dirigentes de Turmas*, publicada em *O Trevo* de agosto-setembro de 1974 e nos livros *Vivência do Espiritismo Religioso*, cap. 3, pág. 91 de sua 5ª edição, e *Verdades e Conceitos II*, item 50).

Portanto, a responsabilidade do dirigente de uma Escola de Aprendizes do Evangelho não é pura e simplesmente para com os seus alunos, ou com a diretoria do Centro Espírita que frequenta, com o presidente desse Centro, com a Aliança... A responsabilidade do dirigente dá-se frente à Espiritualidade, e, em sentido último, diante de Jesus.

54
A Aliança e as Caravanas

O Trevo nº 340 – fevereiro de 2003
O Diretor Geral da Aliança

Conversava recentemente com alguns companheiros sobre os rumos da Aliança e juntos lembramos que, assim como as EAEs traduziram o conceito Reforma Íntima em termos práticos, nosso movimento concretizou um programa que harmonizou três aspectos: Reforma Íntima, estudo e trabalho.

Em outras palavras, os alunos não se aplicam no processo de Reforma Íntima simplesmente com o objetivo de se sentirem melhores. Fazem-no, porque começam a amar o próximo e desejam sinceramente ser melhores para o próximo. Isso os obriga a se aplicarem no estudo, compreendendo as leis da vida para fortalecerem a própria fé diante dos obstáculos, bem como se prepararem melhor para o trabalho. E tudo isso começa logo no primeiro ano da Escola, através da prática da Caravana de Evangelização e Auxílio.

A Caravana é a oportunidade valiosa e insubstituível de cultivar o sentimento de solidariedade, de importar-se com outro ser, treinar o trabalho em equipe, identificar novas lideranças, vencer o preconceito, formar novas amizades, avaliar as leis divinas agindo em benefício de todas as criaturas. Por tudo isso, a prática das visitas a lares, realizada nas Caravanas, dá primazia à evangelização, ficando o caráter assistencial como uma decorrência secundária. Importante, sem dúvida, mas eventual e não fundamental.

Lembrando os rumos da Aliança, não pudemos deixar de identificar, com certa preocupação, que o caráter prático do trabalho pelo próximo, tão característico do espírita, tem ficado em segundo plano em nosso movimento. Claro que diversos grupos da Aliança mantêm obras assistenciais e incentivam as caravanas, mas notamos uma diminuição.

Estas obras, em sua maioria, são da década de 80. Nos últimos dez anos, poucas têm se criado por obra dos discípulos. Uma postura muito frequente há 10 ou 20 anos era de o aluno, ainda em grau de servidor, engajar-se em várias frentes de trabalho, espíritas e não-espíritas. Vários conciliavam o trabalho na assistência espiritual com a abertura de uma nova casa, não descuidando de outras atividades, como plantões do CVV, voluntariado em hospitais e visitas a idosos e crianças.

Não eram super-homens. Eram pessoas comuns, motivadas pela Reforma Íntima praticada com o objetivo de se tornarem melhores para os outros.

Hoje, temos visto uma intensa aplicação dos dirigentes no acompanhamento dos alunos quanto ao autoconhecimento. Diversos também realizam programas de estudo em grupo. Porém, nos preocupamos com este trabalho, que está sendo abandonado ou trocado por visitas da turma a instituições assistenciais já consolidadas. Com isso, estão roubando à turma uma oportunidade insubstituível, que é a de se organizarem de maneira simples e fraterna, para se aproximarem do próximo em seu lar, em nome do amor divino. Se não prestarmos atenção a essa tendência, poderemos desfigurar completamente a proposta da Aliança.

Vamos pensar nisso. Mais ainda: se isso estiver mesmo acontecendo e não for um terrível engano de nossa parte, vamos mudar essa situação.

55
Convite de Lázaro

O Trevo nº 340 – fevereiro de 2003

Vladimir Ávila

"Quando Jesus foi visitar Lázaro, que parecia morto, acercou-se do túmulo, informou que o amigo dormia e mandou abrir-lhe o túmulo na rocha, convidando-o a que despertasse e saísse das sombras. Escutando-lhe a voz que ressoou na acústica da alma, o cataléptico despertou e retomou a consciência, vindo para fora do sepulcro, sem necessidade de qualquer milagre..."

O convite, aceito por Lázaro, vem sendo continuamente repetido a todos os discípulos do Cristo para que despertem, saindo das sombras, e retomem a consciência, deixando para trás o sepulcro de pedra das próprias iniquidades, resistências e temores. A proposta é muito antiga. Tão antiga quanto a necessidade de conscientização de quem é o discípulo, do que necessita fazer e de como vai alcançar o êxito na inadiável tarefa da reformulação íntima transformadora.

Muitos discípulos, apesar de tudo que conquistaram, ainda estão adormecidos para a realidade e os desafios da evolução. Não registram o chamado do Mestre, permanecendo aferrados aos interesses subalternos da matéria e das necessidades imediatas. São aqueles que, segundo Joanna de Ângelis, estão em estado de "consciência de sono". Para esses, a existência eterna é um lugar de sombras e sobressaltos, de medos e aflições, resultantes de sua incapacidade pessoal de buscar a luz interior.

Outros discípulos já vislumbram a existência física como uma faceta da vida eterna, ouvem ao longe o chamado divino, porém atribuem aos interesses materiais valor idêntico ou superior aos espirituais. Preocupando-se muito mais com o ter do que com o ser, com o conhecer do que com o saber. Já conhecem a necessidade do despertamento, mas ainda aguardam que algum fato extraordinário ou alguém dotado de poderes sobrenaturais poupe-lhes o esforço renovador. São aqueles que, na definição de Joanna de Ângelis, estão em estado de "consciência em sonho". Ainda serão necessários um grande esforço e uma imensa dose de iniciativa e de boa vontade para vencer a resistência interior. Os sofrimentos ainda são vozes clamantes de reajuste e ampliação dos patrimônios de autoconhecimento e da prática do amor.

Por fim, há aqueles discípulos que aceitaram o convite, ouviram a voz do Cristo e despertaram. Buscam, constantemente, situar--se diante da vida como quem busca a iluminação interior. Querem compreender a grandiosidade da obra divina e participar ativamente dela. São aqueles que não se contentam com o conhecimento frio e exterior, pois este ainda produz sombras. Mas buscam o saber adquirido pela vivência, pela prática do amor e da caridade. São aqueles que vislumbram a vida como uma oportunidade de amar e investem nisso com disposição.

São os que nas palavras de Joanna de Ângelis encontram-se em "consciência desperta". Para esses, há apenas o futuro de paz construído nas experiências bem realizadas do presente. Os sofrimentos deixaram de existir, pois se transformaram em lições renovadoras.

56
Decálogo do Expositor Espírita

O Trevo nº 344 – junho de 2003

1 — O expositor espírita não pode transferir para os mentores espirituais o esforço e o preparo que lhe cabem.

2 — O expositor espírita deve, de preferência diariamente, dedicar parte do seu tempo para:

- ler bons livros;
- meditar;
- fazer elaborações mentais;
- tirar conclusões;

coletar frases e textos que sirvam como futuras fontes de referências, ou de inspirações, às suas palestras.

3 — O expositor espírita deve preocupar-se em ter exemplar conduta e esmerar-se por colocar em prática o que prega.

4 — O expositor espírita deve:

- conscientizar-se que mesmo sendo imperfeito e vacilante em relação à sua evolução moral e espiritual, a Doutrina necessita de sua pregação;
- entender que o pouco que está fazendo em prol da Doutrina e de sua evolução é muito, considerando-se que foi dado o primeiro passo, pois, como disse Emmanuel: "Quando uma centésima parte do Cristianismo de nossos lábios conseguir expressar-se em nossos atos de cada dia, a Terra será plenamente libertada do mal".

5 — O expositor espírita precisa:

- evitar emitir opiniões pessoais contraditórias, sem sustentação doutrinária;
- sempre lembrar-se que a Doutrina tem sua base filosófica, científica e religiosa codificada nos livros de Allan Kardec, os quais devem servir como sustentação maior nas suas palestras e aulas;
- preocupar-se menos com a letra dos conceitos evangélicos e mais com os conceitos evangélicos da letra.

6 — O expositor espírita deve ter a certeza de que, no momento de sua fala, a ajuda espiritual não lhe faltará e sim estará intensamente presente e atuante, se ele fizer a sua parte:

- desenvolvendo sua capacidade de empatia e comunicação;

• estudando e preparando previamente o tema;

• compreendendo a importância do momento, dedicando-se mentalmente a vibrações de amor, paz, humildade e caridade.

7 — Mesmo em conversas pessoais e informais, o expositor espírita deve educar-se, pois, como disse André Luiz: "No estado atual da educação humana, é muito difícil alimentar, por mais de cinco minutos, conversação digna e cristalina, numa assembléia superior a três criaturas encarnadas".

8 — O expositor espírita deve, quando for ditar normas de conduta, incluir-se como pessoa também necessitada.

Em vez de dizer: "Vocês precisam preocupar-se com a evolução moral"; deve dizer: "Nós precisamos preocuparmo-nos com a evolução moral".

9 — O expositor espírita deve:

• ser um homem do seu tempo;

• falar com constância, em suas aulas, de Deus, de Jesus e da Doutrina;

• viver intensamente o sublime momento da palestra, agradecendo ao Mestre e aos mentores espirituais pela felicidade de ser humilde instrumento das palavras de Deus.

10 — O expositor espírita deve ser simples e humilde, pois, como disse padre Vieira: "Nada há tão grande como a humildade".

E, com humildade e simplicidade, deve sentir-se motivado para proferir contínuas palestras, tendo a certeza da ajuda do Mestre e a convicção de que "a rosa perfuma primeiro o vaso que a transporta".

57
Como Funciona a Escola a Distância?

O Trevo nº 348 – outubro de 2003
Diógenes Lima de Camargo

As Escolas de Aprendizes do Evangelho são, com certeza, uma das grandes esperanças do plano espiritual para auxiliar o nosso planeta na sua necessária transformação para um mundo mais fraterno. Essa transformação começa no íntimo de cada um, através da reforma interior. Pelas atitudes, conduta e vivência cristã, o aprendiz do Evangelho vai operando, também, uma transformação nas pessoas à sua volta. Silenciosamente, porém de forma eficaz, já que o exemplo é a grande arma dessa mudança.

Quantos de nós já tivemos a oportunidade de conhecer várias pessoas que chegaram até nossas Casas Espíritas em situações desesperadoras, banhadas em lágrimas. Lá os entrevistadores e trabalhadores, envolvidos num clima de compaixão e empatia, fazem todo esforço para auxiliá-las dentro das possibilidades e dos meios que a Casa oferece.

E quantos de nós já verificamos, felizes, a consolação que a Doutrina possibilita, quando vemos essas mesmas pessoas, após algumas semanas, saindo das Casas Espíritas mais fortes, confiantes, tocadas pela Doutrina Cristã, e assim tendo outra visão das dificuldades que surgem à sua frente.

Surpreendemo-nos mais ainda quando vemos essas pessoas na Escola de Aprendizes, timidamente no início, quase sem se pronunciar. E, após a conclusão, tornam-se dirigentes, orientando, falando para multidões ou assumindo a direção de Casas, creches, auxiliando e amparando familiares e ainda se desdobrando em ações sociais de caridade junto à população carente: seja entregando uma pequena cesta básica ou envolvendo-se em ações que atendam várias famílias.

Enfim, tal qual os apóstolos de Jesus, que inicialmente eram pessoas dedicadas somente à pesca e à sobrevivência. Mas, após alguns anos, junto aos ensinamentos do Mestre, transformaram-se intimamente e levaram o consolo e amparo aos outros. Vemos diariamente esse mesmo "milagre" acontecendo com essas pessoas, ex-assistidos, graças à vivência cristã oferecida pelas Escolas de Aprendizes do Evangelho. Temos, assim, a cada dia, a confirmação da importância dessa escola bendita trazida pelo plano espiritual superior, por meio de Edgard Armond.

Como foi dito, vemos essa transformação nas pessoas que adentram nossas Casas. E aquelas que não chegaram até o Centro? E aquelas que estão sofrendo as mesmas dores, as mesmas angústias, mas que por algum motivo não podem ir ao centro espírita, seja porque estão impedidas de se locomover ou porque não há centros espíritas em suas cidades? Nunca terão a oportunidade de conhecer essa Escola? Muitas pessoas que participam das escolas, e têm parentes em cidades afastadas, gostariam de levar a Escola até eles...

Apesar de todos os trabalhos que nossas Casas fazem em favor do próximo, não podemos nos esquecer desses irmãos que não chegaram até nossa porta. Assim, as EAEs não podem ficar restritas às paredes dos nossos centros, elas devem chegar até essas pessoas, como, aliás, já foi previsto por Edgard Armond, no Guia do Aprendiz, capítulo 6. E o programa da Aliança oferece essa oportunidade, através das Escolas a Distância, conforme está no livro Vivência do Espiritismo Religioso.

Se você é um dirigente ou mesmo um trabalhador da Casa Espírita, talvez se pergunte: mas como funciona a EAE a Distância?

Exatamente igual à Escola em sala de aula: com abertura, preparação, preces, o mesmo programa, os mesmos livros, a caderneta, avaliação etc. Se na aula, em sala, os alunos adentram semanalmente o centro, na Escola a Distância, são as cartas que entram na sala de aula.

Para cada aula da EAE a Distância é enviada ao aluno uma folha com perguntas, que ele deve responder baseado nos livros da Escola. Também são enviadas várias orientações do dirigente, que são as mesmas que os dirigentes fazem aos seus alunos em sala. Além disso, cada aluno recebe uma carta específica.

Portanto, no período de uma hora e meia, que é o mesmo da Escola em sala, o dirigente — ou os dirigentes — irão abrir essas cartas vindas do correio ou do e-mail (alguns alunos fazem por e-mail, principalmente do exterior), lê-las, responder as dúvidas, fazer as orientações devidas, preparar a remessa da próxima aula. Abrir outra carta, e repetir o processo.

Tem também o secretário, com as mesmas tarefas do secretário em sala. Faz parte da equipe um coordenador geral do trabalho, que poderá ser outro dirigente com mais uma turma.

Mas como se inicia o processo? Como as pessoas se matriculam? As solicitações chegam por carta, por telefone, pela internet. Assim que são recebidas, encaminham-se para a comissão da Escola a Distância, que tem o cadastro dos dirigentes. A comissão consulta os dirigentes, verifica a disponibilidade de cada um e encaminha a carta. Esse dirigente irá responder à carta enviando todas as informações para a pessoa interessada, juntamente com a ficha de matrícula, iniciando naturalmente pelo Curso Básico.

Assim, caro amigo, se você é um dirigente de EAE, não se restrinja à sua sala de aula, abrace uma turma a distância. Se você é presidente de Casa Espírita ou diretor de estudos estimule a formação desse trabalho na Casa, tão importante e necessário quanto todos os outros trabalhos que sua Casa já executa. Se você é um trabalhador e não faz parte da diretoria, consulte-os sobre isso, ponha-se à disposição para ajudar.

Lembrem-se. Aqueles que chegam às Casas Espíritas já têm o benefício do atendimento pessoal. Mas e aqueles que estão longe, impossibilitados, cuja dor pode ser ainda mais pujante pela circunstância de não terem onde buscar ajuda?

Se você quiser saber mais detalhes sobre como montar o trabalho, materiais necessários etc., entre em contato. A comissão tem um Curso de Dirigentes de EAE a Distância, que já foi dado em várias Regionais, e também na RGA. Procure-nos! Ajude-nos a ajudar.

Informações sobre a Escola de Aprendizes do Evangelho a Distância, tanto para dirigentes, quanto para quem quiser:

www.alianca.org.br
e-mail: alianca@alianca.org.br
telefone:08000-110-164

Não deixe de conhecer as publicações da Editora Aliança, citadas nesta obra, e sua variada linfa editorial.

GUIA DO APRENDIZ
Manual de orientação para o aluno que ingressa na 1 grau da inicição espírita.

GUIA DO DISCÍPULO
Manual de orientação para o servidor para o servidor que ingressa no 3 grau da iniciação espírita.

O REDENTOR
Vida, obra e ensinamntos do Mestre da Galiléia.

EDGARD ARMOND, meu pai
A história do homem que criou as escolas de Espiritismo no Brasil.

EDGARD ARMOND, um trabalhador da seara espírita
Correspondências pessoais tratando de questionamento doutrinários.

ENTENDENDO O ESPIRITISMO
Curso básico de Espiritismo, enfocando do eveoçução histórica e doutrina.

INICIAÇÃO ESPÍRITUAL
Curso regular das Escolas de Aprendizes do Evangelho

FDJ- PERGUNTAS E RESPOSTAS
Perguntas e respostas sobre a organização e o funcionamento da FDJ.

VIVÊNCIA DO ESPIRITISMO RELIGIOSO
Programas do movimento da Aliança Espírita Evangélica.

COMENTÁRIOS EVANGÉLICOS
Comentários evangélicos pelo dr. Bezerra de Menezes.

VERDADES E CONCEITOS I E II
O ideal de Aliança em importantes resolições históricas

O LIVRE-ARBÍTRIO
O livre-arbítrio e a evolução do espírito são aqui dissecados na lógica espírita.

RESPONDENDO E ESCLARECENDO
Respostas e centenas de questionamnetos sobre Doutrina espírita.

NA SEMEADURA I E II
Temas doutrinários abordados com objetividade e clareza

ENQUANTO É TEMPO
Pontos essenciais da Doutrina dos Espíritos

LENDO E APRENDENDO
Mais temas doutriários com indíce remissivo de Semeadura I e II.

FALANDO AO CORAÇÃO
Coleânea com orientações que auxiliam na transformação do homem-veljo para homem-novo.

PRÁTICA MEDIÚNICA
Levantamento sobre a realidade da prática mediúnica e melhores direcionamentos a respeito.